JN117575

松本 研二／著

きっとわかる
民法

民法から学ぶ法学入門

北樹出版

はしがき

　わが国の大学での法学教育は、法学部以外の学生にも、広く学ぶ機会が開かれています。日々の暮らしの中では、どの学生にとっても、法律を知っておくことがたいへん重要であるからです。本書は、主に法学部以外の学生に民法を知ってもらうことを目的として、書いたものです。大学生だけでなく、法律に興味のある高校生や社会人の皆さんにもわかってもらえるよう、工夫しています。

　たくさんの法律の中で、生活と最も密接にかかわっているのが、民法です。ところが民法の条文の並びは、あたかも数学の「因数分解」のように、共通の総論的事項を前に括り出す構成となっており、いくつかの条文を組み合わせて「展開」しなければ、具体的な事例を処理できないという難点を持っています。そのため前のことがわからなければ後のことがわからないだけでなく、後のことがわからなければ前のことがわからないために、漠然とした理解のまま繰り返しテキストを読んで、初めて全体が理解できるというやっかいさがあります。おまけに民法の条文は1050条まであり、さらに近年の法改正により「〇〇条の〇〇」と規定されたいわゆる枝番が設けられ、学習量は増える一方です。

　法学部生が学ぶテキストの多くは、条文の構成どおり、総則、物権、担保物権、債権総論、債権各論、親族・相続に分かれています。大学で最初に講義で学ぶのは、総則であることが通常でしょう。民法の条文は、抽象的なものから始まり、先に行くほど具体的なものとなりますが、総則の内容は、最も抽象的です。また総則をみると、判断能力に不安がある人が行った取引をどう扱うか、勘違いやだまされた場合はどうか、本人に代わって他人が行為をすると、どのような場合に本人が責任を負うかなど、いわば例外的な処理のオンパレードとなっています。私たちがまず知りたいのは、ありふれた事案における法律関係がどうなっているかでしょう。そこで本書は、最もなじみのある契約から説明します。契約は、債権各論の分野に属します。これに対して、総則の重要分野

である法律行為、代理、時効などは、あえて最後に置いています。

　本書は、特に押さえてほしい内容については、かみ砕いて説明しています。また日常生活やビジネスにおける登場シーンを多く盛り込みました。賃貸借の章のように、かなり詳しい内容となったものもあります。その一方で、読者が一気に読み進められるよう、各種の契約や抵当権以外の担保物権など、思い切ってカットした分野もあります。また本書は、財産法のみを対象とし、親族・相続法は扱いません。割愛した分野については、講義で使用するテキストで、しっかりと学んでください。本書を読んだ後では、理解力も大幅にアップしているはずです。

　民法の理解は、条文から具体的なシチュエーションを想起できるかどうかで決まります。そこで本書は、当事者間で交わされそうな会話や、特に当事者が多数となる場合は、図を盛り込むことで、みなさんの理解を深めます。本書をきっかけとして、一人でも多くの人が民法に興味を持ち、豊かな人生を送られることを願ってやみません。

　最後に本書執筆の機会をくださり、完成に向けて暖かく励ましていただいた北樹出版編集部の古屋幾子様に、心より御礼申し上げます。

　　　令和5年5月

　　　　　　　　　　　　　　　　　　　　　　　松 本 研 二

目　　次

きっとわかる民法

──民法から学ぶ法学入門──

第 1 章　まずは契約から（売買契約を中心に）

1　さまざまの契約

　六法で民法の具体的な条文を読む前に、まず目次を見てみましょう。「第三編債権　第二章契約」には、「第二節贈与」から「第十四節和解」まで、13種類の契約が並んでいることを確認してください。これらは古くからよくある契約つまり典型契約として、列挙されたものです。もっとも実務では、これらの典型契約が登場する度合いには、差があります。特に頻出するものは、売買、消費貸借および賃貸借の各契約でしょうか。消費貸借契約の代表例は、お金の貸し借り（金銭消費貸借契約）です。借主は、賃貸借契約の賃借人のように借りたお金をそっくりそのまま貸主に返すのではなく、何らかの使い道に充当し、後で別途調達したお金をもって返済することになります。ついで重要といえるのは、請負、委任、和解といったところでしょう。請負については、大工さんに家を建ててもらうことをイメージしてください。大工さん（請負人）は、家を完成させる義務を負い、完成させてくれたことに対して、注文者は報酬を払います。委任については、弁護士への訴訟委任が代表的です。弁護士（受任者）は依頼者（委任者）のためにベストを尽くす義務を負いますが、請負と違うのは、委任では結果を出すことが契約の目的ではないことです。したがって裁判で敗訴となっても、ベストを尽くしていれば弁護士は義務を果たしたことになります。典型契約の中には、雇用契約のように、主として労働法という別の分野で議論されるものや、終身定期金のように、規定を置く意義があまりなくなったものもあります。

　それでは契約は、典型契約に限られるのでしょうか。そんなことはありません。みなさんも、ライセンス契約という言葉を聞いたことがあるのではないで

しょうか。お菓子のメーカーが、ビスケットのパッケージにディズニーのキャラクターを使いたいと思った場合、権利元（ライセンサー）との間で、対象商品、使用期間、使用料を取り決めて、使用を認めてもらうことがありますが、これがライセンス契約です。ライセンス契約の解釈にあたっては、比較的近いとみられる賃貸借契約の規定を参考にすることが考えられます。

2　債権と債務

　法律を学ぶうえでは、ある程度法律特有の用語に慣れる必要があります。それでは、以下の売買の事例を法律の考えに置き換えてみましょう。

事例1

　大学に入学したひろし君は、冷蔵庫を買いに家電量販店に行きました。気に入った冷蔵庫を見つけたひろし君は、店員から説明を受けた後、「この冷蔵庫をください」と言いました。店員は、「かしこまりました」と言い、店員はひろし君から代金の3万円を受け取ると、3日後に配送すると伝えました。

　この事例では、ひろし君と店員が冷蔵庫の売買について合意しています。ひろし君と店の間には、売買契約が成立します。ここでいう契約とは、ひとまず法的な保護を受ける約束と押さえておけばいいでしょう。

　売買契約の成立により、ひろし君は、冷蔵庫を手に入れる権利を得る一方で、代金を支払う義務を負いました。これに対して店は、代金を受け取る権利を得る一方で、冷蔵庫を引き渡す義務を負いました。

　ひろし君は、契約成立後ただちに代金を支払ったので、ひろし君の代金支払義務と店の代金を受領する権利は消滅しました。3日後、店から冷蔵庫が配送され、ひろし君の冷蔵庫を手に入れる権利と店の冷蔵庫を引き渡す義務は消滅しました。

　ここで重要な法律用語である債権と債務について押さえましょう。債権とは、特定の人（債務者）に一定の行為（給付）を請求する権利をいいます。先の例

では、ひろし君は、店に対して、冷蔵庫という目的物の引渡しを請求する債権を持つことになります。店は、ひろし君に対して、冷蔵庫の代金の支払いを請求する債権を持つことになります。これに対して、債務とは、債務者が請求権を持つ人（債権者）に対して一定の行為（給付）をする義務をいいます。同じく先の例では、ひろし君は、店に対して、冷蔵庫の代金を支払う債務を負います。店は、ひろし君に対して、冷蔵庫を引き渡す債務を負います。

　契約は、債権・債務の発生原因として、最も重要です。冷蔵庫の売買の例からわかるとおり、契約における一方の債権は、相手方の債務となります。売買契約のような両当事者に債務が発生する契約は、双務契約と呼ばれます。双務契約には、ほかに賃貸借契約などがあります。賃貸借契約では、賃貸人には賃料をもらう債権と物件を貸す債務がある一方、賃借人には物件を借りる債権と賃料を払う債務があります。

　債権を考えるうえで重要なのは、債権は特定の債務者のみに請求できる権利であるということです。もし店が冷蔵庫を引き渡してくれない場合、ひろし君はよその店に対して、冷蔵庫の引渡しを求めることはできません。また店は、ひろし君以外の人に冷蔵庫を引き渡しても、債務を履行したことにはなりません。あたりまえのようですが、債権の性質を考えるうえでは、これらはたいへん重要なことです。

③　契約の成立と解釈

　それでは契約は、どの時点で成立するのでしょうか。契約は、当事者の一方の申込みに対して、相手方が承諾したときに成立します（522条1項）。先の例では、ひろし君が言った「この冷蔵庫をください」が売買契約の申込みの意思表示にあたり、店員が言った「かしこまりました」が承諾の意思表示にあたります。契約の成立には、申込み・承諾にかかる口頭の意思表示があれば足り、原則として書面の作成は不要です（522条2項）。コンビニで物を買うときにいちいち書面にサインしないことからも、当然ですね。さらに契約成立のための

意思表示は、行動から読み取れれば（黙示の意思表示）、はっきりと言葉にしなくても構いません。スーパーで物を買うとき、何も言わずにかごをレジの上に置きますが、これにより売買の申込みの意思表示があったと認められます。

　次に、契約をめぐる重要な原則として、契約自由の原則をみていきましょう。当事者は、法令に反しない限り、誰と契約を締結するか（521条1項）、どのような契約を結ぶか（521条2項）を自由に決めることができます。前者の相手方選択の自由の制限としては、男女雇用機会均等法5条で、事業主に対し、労働者の募集・採用にあたって、性別にかかわりなく均等な機会を与えることが義務付けられ、男性のみあるいは女性のみを募集・採用の対象とすることが禁じられていることが一例です。

　後者については、民法、特に債権にかかる規定の多くは、任意規定であるとされます（91条）。具体的には、次の例を考えるとわかりやすいでしょう。

　みなさんがアパートを借りる際、大家さんとの間で、建物賃貸借契約書を取り交わすのが普通です。契約書には、賃借人は、月末までに翌月分の家賃を振り込む、つまり家賃の前払いが書かれていること多いのではないでしょうか。しかし614条本文には、「賃料は、動産、建物及び宅地については毎月末に、その他の土地については毎年末に、支払わなければならない。」と書かれています。つまり家賃の後払いが規定されています。そうすると契約書の前払いの規定は、無効なのでしょうか。91条によれば、当事者が民法の任意規定と異なる内容を取り決めた場合、その取決め（特約）が優先されます。したがって賃借人は、契約書どおり月末までに翌月分の家賃を振り込まなければなりません。

　そうすると任意規定としての民法の規定は、特に意味をなさないのでしょうか。当事者が契約を締結する場合、細かいところまでいちいち取り決めるとは限りません。民法の規定には、当事者が特に合意していない部分を埋める（補充する）はたらきがあります。このことは、裁判において特に重要です。当事者が民法と異なる特約や慣習（92条）があることを証明できなければ、裁判所は民法に従って、当事者の権利義務を判断します。

　ここで一般法と特別法の関係について、触れておきましょう。民法は民事領

域全般をカバーする一般法です。しかし領域によっては、特に法律を制定し、民法と異なる規律を適用するほうがよいこともあります。後で借地借家法をみていきますが、同法は土地や建物の賃借人を特に保護するために、民法の原則を修正するものです。例えば民法617条1項2号には、期間の定めのない建物の賃貸借においては、貸主および借主のいずれからの解約申入れについても、3か月たてば契約が終了することが書かれています。これに対して借地借家法27条1項からは、期間の定めのない建物の賃貸借における賃貸人からの解約申入れについては、6か月経過しないと、賃貸借は終了しません。建物の賃貸借は、賃借人にとっては、生活や事業の基盤となるため、賃借人が長期に利用できるよう配慮しています。一般法である民法と特別法である借地借家法が重なり合う領域では、借地借家法が適用されます。

　それでは、民法の規定が任意規定であれば、どのような内容の契約を定めても有効でしょうか。90条には、「公の秩序又は善良の風俗に反する法律行為は、無効とする。」とあります。平たく言えば、トンデモ契約は無効となるということですが、この公序良俗に反する契約の例として、賭け麻雀をして負けた方が勝った方にお金を払うというような犯罪行為を内容とする契約をあげることができます。したがって「麻雀に負けたから金払え」と要求することはできません。そうすると契約が無効である以上、負けた方がすでにお金を払ったのであれば、勝った方から取り戻すこともできそうですが（121条の2第1項）、そこは「不法に手を染めた者は救済しない」という政策的配慮から、取り戻すことは認められません（708条）。

　過去の判例には、食品衛生法の営業許可を受けていない食肉販売業者が、顧客に精肉を納入し、代金を請求したのに対し、顧客が食品衛生法違反を理由に売買契約が無効であるとして、代金の支払いを拒否したところ、売買契約は無効でないとされたものがあります（最判昭35.3.18民集14巻4号483頁）。食品衛生法は業者を取り締まるための法律に過ぎず、契約の効力には影響しないという判断です。その一方で、同じく食品衛生法の違反事例ですが、有毒物質を含んだアラレの製造販売が同法により禁止されていることを知りながら、アラレ

を製造し売り渡した取引を無効としたものがあります（最判昭39.1.23民集18巻1号37頁）。取締法規違反でも、社会秩序に及ぼす影響が大きい場合には、契約の効力が否定されると考えるべきでしょう。

4 双務契約の特徴

　先ほど売買が双務契約であると述べましたが、双務契約に対するものに片務契約があります。片務契約は当事者の一方のみが義務を負う契約です。贈与契約が代表的ですが、贈与者は受贈者に財産を与える義務を負いますが、受贈者は贈与者に対して義務を負いません。

　双務契約に話を戻しますが、今度は当事者それぞれの債務は、どうリンクするのか、考えてみましょう。

　533条本文には、双務契約の当事者の一方は、相手方が債務の履行をするまでは、自己の債務の履行を拒めることが書かれています。これは同時履行の抗弁と呼ばれます。土地の売買でいうと、土地の売主は、買主が代金を支払う用意がないときは、土地の引渡しを拒むことができます。これに対して買主は、売主が土地を引き渡す準備ができていないときは、代金の支払いを拒むことができます。なお企業間の製品・商品の売買では、物の引渡しのあとで、一定期間分の代金をまとめて支払う取決めがなされることが多いです（当月分の仕入代金を翌月末に払うなど）。この場合に買主は、売主が代金を支払っていないことを理由に物の引渡しを拒むことはできません（533条但書）。

　次に、双務契約の債務の一方が履行できなくなった（履行不能）とき、もう一方の債務はなおも履行しなければならないか、それとも履行しなくてよいかが問題となります。これは危険負担の問題と呼ばれます。

　例をあげると、家の売買契約を締結した後、引渡しまでの間に家が落雷により焼失した場合を考えてみましょう。ここでは、家が契約の締結後に焼失したこと（後発的不能）、および引渡しができないことについて売主に責められる要素（帰責事由）がないことに注目してください。この場合、買主は代金を支払

わなくてはならないのでしょうか。まどろっこしい言い方になりますが、買主の代金支払債務は残るものの、買主は支払いを拒むことができます（536条1項）。もし買主が代金債務そのものを消滅させたい場合は、後で述べる解除によることになります。なお買主が代金の支払いを拒むことができるのは、家の引渡しを受けるまでで、引渡しを受けた後に焼失した場合は、もはや支払いを拒むことはできません（567条1項）。

　これに対して、売主が家の引渡しができないことにつき、買主に帰責事由がある場合（契約締結後、引渡し前に買主が家に立ち寄った際に火のついたタバコをポイ捨てしたことにより、家が焼失した場合を思い浮かべてください）、買主は代金を支払わなければなりません（536条2項）。

5　債務不履行

1　債務不履行の内容

　これまで双務契約に限った話をしましたが、今度はより一般的に債務者が債務を履行しない（債務不履行）場合に、債権者が取りうる行動について、みていきましょう。債務不履行については、①履行不能、②履行遅滞、③不完全履行の3つに分けて理解するとわかりやすいでしょう。家の売買契約における売主の引渡債務を例に取ると、契約締結後失火により家が焼失し、家を引き渡すことができない状態が、履行不能となります。履行遅滞とは、履行できないわけではないけれども、当事者が取り決めた日までに引渡しができない状態を指します。引渡しはなされたものの、家に欠陥が見つかったような場合は、不完全履行にあたります。

　ここでいう債務不履行は、必ずしも債務者自らがおこした場合に限りません。大規模な建設工事では、注文者からまず元請会社が一括して工事全体を引き受け、個々の工事については専門技術を持った会社に下請けさせることが多いです。竣工後、注文者に引き渡した商業ビルに電気系統の欠陥が見つかり、その欠陥は元請会社が選定した下請会社の手抜き工事によるものだったとしましょ

う。この場合、実際に債務不履行をおこしたのが下請会社であっても、元請会社は、自らの債務の履行を補助する者の行為についての責任として、注文者に対する債務不履行責任を免れません。

2 履行強制

　債務者が債務不履行をおこしたとき、債権者としては、まずは債務者に強制的に債務を履行させたいところでしょう。それでは売買契約で買主が代金を払わない場合、売主が買主のもとに押しかけて力ずくでお金を奪うことは認められるでしょうか。答えは、認められないです。もしそのようなことが認められれば、社会の秩序は維持できないでしょう。刑法上の犯罪に該当する可能性もあります。これを民法では、自力救済の禁止と呼んでいます。

　自力救済が許されない以上は、権利の実現は裁判所を通じた履行強制によることになります（414条1項）。

　履行強制に用いられる手段は、債務の性質によって違いがあります。以下は、①売買契約において買主が代金を支払わない場合、②金銭消費貸借契約において借主が返済をしない場合、③売買契約において売主が目的物を引き渡さない場合、④アパートの賃貸借契約が終了したのに賃借人が明け渡さない場合、⑤他人の土地に勝手に小屋を建てた人が、土地の所有者からの撤去の申入れに応じない場合、⑥テレビに出演する約束をした俳優が出演しない場合、⑦著名な画家にホールに飾る絵画を描いてもらう約束をしたのに、制作しない場合、⑧日照を妨げるような高さの塀を立てないという約束をした隣人が、約束を破った場合、⑨マンションの入居条件であるピアノ禁止の規則を破って、ピアノを演奏した場合のそれぞれについて、適用される履行強制の手段をみていきましょう。

　これらのうち、①〜⑦は、債務者が特定の行為をすることが債務の内容となっており、作為債務と呼ばれます。その中でも①〜④は与える債務と呼ばれます。うち①および②は、与える対象から金銭債務と呼ばれます。③および④は、物を引き渡す債務が、履行強制の対象となります。

与える債務に対する履行強制の手段は、直接強制です。直接強制は強制執行とも言いますが、民事執行法で用いられる強制執行のほうがよく使われるため、以下では強制執行を使います。金銭債務に関する強制執行は、まず債権者の申立てにもとづいて、裁判所が債務者のめぼしい財産を差し押さえます。差し押さえられると、債務者はその財産を他人に売ることなどの処分ができなくなります。そのうえで裁判所が財産を処分してお金に換え、債権者は配当を受けます。物を引き渡す債務に対する強制執行では、債権者の申立てにもとづいて、裁判所の執行官が、債務者による占有を解いて、債権者に引き渡すことになります。

ここで金銭債務の特徴について、少しお話します。金銭債務には履行遅滞はあっても、履行不能は認められません。手元にお金がなくても、どこかから調達して払えということです。またあとで債務不履行に対する損害賠償のところで詳しく説明しますが、金銭債務の不履行に伴う損害賠償を請求する場合は、債務者に帰責事由がなくても、債務者は損害賠償の責任を免れません（419条3項）。さらに履行遅滞があれば必ず損害が発生したと扱われ、当事者の間で特に取決めがなければ、債務者は法定利率（404条2項〜5項、令和5年6月現在3％）分の損害賠償を支払わなければなりません（419条1項）。

債務の性質に話を戻すと、作為債務のうち、⑤から⑦は、なす債務と呼ばれます。⑤については、債務者でなくても、建物を撤去することは可能です。この場合の履行強制では、第三者が債務者に代わって建物を撤去し、かかった費用を債務者から取り立てる代替執行によることとなります。⑥については、一定額の支払いを命じることにより債務者を心理的に圧迫して債務の履行を図る間接強制が採られます。これまで間接強制は、債務者を心理的に圧迫する点で、履行強制の最後の手段とされてきましたが、有無を言わせない強制執行のほうが、債務者に与える心理的影響が大きいかもしれません。現在では、物を引き渡す債務について、強制執行によらず、間接強制により債務者自ら引き渡すよう促す例もみられます。⑦については、履行強制はできず、債務不履行には損害賠償を求めるにとどまるとされています。

⑧および⑨は、債務者が特定の行為をしないことが債務の内容となっており、不作為債務と呼ばれます。⑧は、代替執行によって塀を撤去することが可能です。⑨は、間接強制の対象となります。

3 債務不履行にもとづく損害賠償請求

今度は、債務者の債務不履行に際して、権利を実現する方向での解決手段ではなく、権利の実現を求めない債権者の救済手段をみていきましょう。

まず考えられるのが、債務不履行にもとづく損害賠償の請求です（415条1項本文）。売買契約で売主が契約どおり商品を引き渡さなかった場合、買主の懐にはぽっかりと穴が開きます。そこで買主に生じた穴（損害）を埋めるため、買主は売主に損害賠償を請求できます（塡補賠償）。また家の売買契約について、売主による家の引渡しが遅れたために、買主がやむなくホテルに泊まったような場合、損害賠償として、買主は売主にかかったホテル代を請求できます（遅延賠償）。債務が金銭債務である場合は、当然に遅延利息分の損害が発生することは、すでに述べたとおりです。

ここで土地の売買契約において、売主の引渡しが遅れたところ、買主は他人への転売を予定していて、売主の引渡しが遅れたために、転売により利益を得るチャンスを失ったという例を考えてみましょう。債務不履行による損害賠償の範囲については、まず債務者は、通常生じる損害について、損害賠償義務を負います（416条1項）。さらに特別の事情によって生じた損害であっても、その事情を予見すべきであったときは、やはり損害を賠償しなければなりません（416条2項）。土地の買主が不動産業者であった場合、買主が失う転売利益は、通常損害とみてよさそうです。これに対して、買主が一般の個人であった場合は、通常転売をするとは考えにくいので、買主に生じる転売利益は、通常損害から外れそうです。それでも売主と買主との会話の中で、買主が転売の可能性を匂わせるような言葉を発していたら、買主に生じる特別損害として、転売利益を売主に請求することもできるでしょう。

ところで415条1項但書には、「その債務の不履行が契約その他の債務の発生

原因及び取引上の社会通念に照らして債務者の発生原因及び取引上の社会通念に照らして債務者の責めに帰することができない事由によるものであるときは、この限りでない。」と書かれています。これには、帰責事由がなければ債務者は損害賠償責任を負わないこと、帰責事由の有無は契約の解釈を離れては考えられないこと、および債務不履行責任を追及するうえでは、債権者が債務者に帰責事由があることを証明するのではなく、債務者が自らに帰責事由がないことを証明すべきことの3つが、含まれています。

　帰責事由がなければ損害賠償責任を負わない点は、後で述べる解除に帰責事由が要らない点と、大きく異なるところです。

　帰責事由の有無の判断を契約の中に求める点は、なかなか説明が難しいですが、さしずめ以下のように考えてみたらどうでしょうか。朝9時までに会社に来なければならないという決まりがあった場合、通常は電車が遅れて遅刻しても、従業員に非はないとして、許してもらえそうです。しかし、朝9時に大事な会議が入っているときは、遅刻することは許されず、電車の遅れがあってもいいように、少し早い便に乗るような配慮が求められそうです。このように同じ9時出社というルールであっても、債務者に課せられた義務の軽重によって、履行できない場合の帰責性は異なると思われます。この「契約その他の債務の発生原因及び取引上の社会通念に照らして債務者の発生原因及び取引上の社会通念に照らして……」というフレーズには、契約の尊重という契約法全体を貫く理念が表れています。

　債務者が自らに帰責事由がないことを証明すべきであれば、その証明が通常容易でないことから、いったん締結した契約を履行できない場合、債務者はそうそう責任を免れないことになります。債務者が容易には債務不履行責任を免れられないのであれば、締結された契約には、その実現に向けて当事者をしばる効果が認められます（契約の拘束力）。

4　解　除

　次に、解除についてみていきましょう。例えば、商品の仕入にあたって、仕

入先（売主）が期日に納品しない履行遅滞に陥っているとしましょう。早急に仕入れる必要のある買主としては、他からも同じ商品を仕入れるルートがあれば、他の仕入先に乗り換えたいと思うでしょう。ここで問題となるのは、新たな仕入先との間に売買契約を締結し、商品を仕入れることとなっても、当初の仕入先との間の売買契約が残ったままであれば、買主は代金を支払う義務を負うことです。ここで当初の契約を解消する手段が、解除です。解除は、契約の拘束力から債権者を開放することを目的としています。その目的から、解除には、債務を履行できないことについて、債務者の帰責事由は求められていません。この点が先に述べた損害賠償との一番の違いです。

　履行遅滞に伴う解除は、遅滞に陥れば直ちにできるわけではありません。契約の拘束力からは、債権者はいったん債務者に履行を促し、契約を成就させるチャンスを与えなければなりません（541条本文）。その履行を促す制度が、催告です。債権者から債務者への催告は、例えば「1週間以内に履行せよ」といった相当の期間を定めた意思表示によりなされます。また契約の拘束力からは、債務不履行の程度が軽微であるときは、解除することはできません（541条但書）。締結した契約は、なるべくその目的を達成させようという配慮です。

　もっとも解除にあたっては、催告する意味がない場合もあります。履行不能であれば、もはや催告しても債務が履行されることはないので、無催告解除ができます（債務の全部の履行不能については542条1項1号、債務の一部の履行不能に伴う契約の一部解除については同2項1号）。また債務者が債務の履行を拒絶した場合など、同様に催告しても意味がない場合も、無催告解除ができます（債務の全部の履行不能については542条1項2号、債務の一部の履行不能に伴う契約の一部解除については同2項2号）。また契約によっては、一定の期間内に履行しなければ意味がないものがあります（定期行為）。定期行為については、定めた期間を過ぎれば、催告なく解除することができます。例えば、ケーキ屋さんにクリスマスケーキを持ってきてもらうよう注文したところ、約束のクリスマスイブを過ぎて、正月に持ってこられても、意味がないですね（542条1項4号）。イブを過ぎれば、直ちに解除できます。

　解除がなされると、契約は最初からなかったことになります。そうすると当事者には、契約締結前の状態に戻す義務（原状回復義務）が発生します（545条1項本文）。売買契約の解除についていえば、原状回復として、売主が代金を受け取っていれば、買主に返金しなければなりません。その際、代金を受け取ったときからの利息も付さなければなりません（545条2項）。また買主が目的物を受け取っていれば、売主に返さなければなりません。その際、目的物を受け取ったとき以降に生じた果実を返却しなければなりません（545条3項）。果実については、後で詳しく説明しますが、売買の目的物がリンゴの木であれば、買主はリンゴの実（またはその収穫時の価値）を売主に返すことになります。なお、契約を解除した場合も、債権者に損害が生じていれば、別に債務者に賠償を求めることができます（545条4項）。

　次に545条1項但書が解除によっても、第三者の権利を害することはできないと定めた意味を考えてみましょう。ここで想定されるのは、次のような事例です。

> **事例2**
> 　甲社は、乙社との間で商品の売買契約を締結し、乙社に商品を引き渡した。乙社は直ちに商品を丙社に転売し、引き渡した。その後支払期日が来ても、乙社は甲社に代金を支払わないので、甲社は催告の後、乙社との売買契約を解除した。丙社は、商品を甲社に戻さなければならないのだろうか。

　545条1項但書は、この場合に丙社に返還義務はないことを示しています。このことは丙社が、甲社と乙社の契約に解除事由があることを知っているかどうかに影響されません。解除事由があっても、甲社は、契約を解除せずに引き続き履行を求めることもできるわけですから。

　ここでしばしば登場する善意、悪意という言葉を覚えておきましょう。善意とは事情を知らないこと、悪意とは事情を知っていることをいいます（良かれと思ってとか、悪気があってとかではありません）。また善意のうち、必要な注意をしても事情を知ることができなかった場合を善意無過失と呼びます。

　ここで解除ではあるものの、債務者の債務不履行とは関係なく解除できる手付についてみていきましょう。手付とは、不動産売買契約の締結時に多くみられる買主から売主へ交付するお金のことです。手付の相場は、売買代金の5〜10％程度のようです。手付を交付した買主は、手付を放棄して契約を解除することができます。これに対して売主は、手付の倍額を買主に支払って（いわゆる手付倍返し）、契約を解除することができます（557条1項）。手付による解除は、相手方が債務不履行を起こさなくてもできることから、契約の拘束力を弱める効果があります。しかし当事者が手付を高額と考えれば、履行意欲を高める効果もあるといえるでしょう。

5　契約不適合責任

　債務不履行の話の最後に、不完全履行について、考えていきましょう。次の2つの例をみてください。

> **事例3**
>
> 　たかし君は、新しいバイクを買うためにバイクショップに行き、気に入ったバイクがあったので、試乗のうえ、購入した。購入から3日後、バイクはたかし君宅に届けられたが、燃料タンクの上には傷があり、マフラーにはへこみがあった。

> **事例4**
>
> 　よしお君は、地元の草野球チームのキャプテンであり、用具の購入もよしお君の役目である。運動具店に1箱1ダース（12個）入りのボールを5箱注文したところ、届けられたうちの1箱には、ボールが11個しか入っていなかった。

　これらの事例で、これまでみてきた損害賠償請求や解除による解決は適切でしょうか。債務不履行が軽微である場合は、解除できませんでした。事例3では、バイクの運行に支障はないとして、事例4では、ボール60個（5×12）のうち、1個不足したに過ぎないとして、いずれも債務不履行が軽微であることを理由に、解除は認められにくいでしょう。また債務不履行につき、契約およ

び取引上の社会通念に照らすと、債務者に帰責事由が認められない場合は、損害賠償は請求できませんでした。事例4では、運動具店には仕入れた箱の中味をいちいち確認する義務がないとして、運動具店に帰責事由がなく、損害賠償が認められないかもしれません。契約の拘束力からは、当事者は、解除、損害賠償のような決裂型の解決よりも、契約目的が達成されることを望むのが自然で、いったん締結された契約については、当事者はその目的を達成させるべきでしょう。

　そこで事例3では、たかし君は「新しいバイクに取り換えてください」「バイクを修理してください」といった契約で本来求めていた債務の履行を求めることが考えられます。あるいはたかし君は、「バイクを値引きしてください」などと要求するかもしれません。このように履行された債務の内容が契約の内容どおりでない状態を契約不適合といい、債務者が契約不適合を解消するために負う責任を契約不適合責任といいます。事例4では、よしお君は運動具店に対して、「ボールが足りない1箱だけ新しい箱と取り換えてください」「ボールを1個追加してください」「ボール1個分値引きしてください」などと要求することが考えられます。

　562条1項は、「引き渡された目的物が種類、品質又は数量に関して契約の内容に適合しないものであるときは、買主は、売主に対し、目的物の修補、代替物の引渡し又は不足分の引渡しによる履行の追完を請求することができる。ただし、売主は、買主に不相当な負担を課するものでないときは、買主が請求した方法と異なる方法による履行の追完をすることができる。」と規定し、買主に追完を請求する権利を認めています。事例3は、バイクの品質についての契約不適合の事例で、たかし君は、バイクの修補（修理）または代替物として新しいバイクとの取り換えを主張できます。ただしたかし君が新品との取り換えを主張しても、バイクショップは修理を選択することが可能です。事例4は、ボールの数量についての契約不適合の事例で、よしお君は、1箱分の取り換えまたはボール1個の追加を主張できます。この場合も、よしお君が1箱分の取り換えを主張しても、運動具店はボール1個の追加を選択することが可能です。

　そして追完するよう催告しても、追完がなされないときは、たかし君とよし
お君が値引きを要求したように、買主は代金の減額を請求することができます
（563条1項）。催告しても意味がない場合は、無催告による減額請求ができま
す（563条2項）。減額請求は、契約の一部解除といえるので、契約の拘束力か
らは、まずは追完を求めるべきであり、減額請求は、追完がなされない場合に
のみ認められるということでしょう。

　ここまでは解除や損害賠償請求が難しい場合の手段として、契約不適合責任
の意義をみていきましたが、契約不適合責任も債務不履行責任であることは変
わりません。したがって契約不適合の程度が軽微でない場合や、債務者に帰責
事由がある場合は、解除や損害賠償請求が可能です（564条）。

第2章 契約によらない債権債務の発生

1 不法行為

1 一般の不法行為

前章では、契約による債権・債務の発生について、みていきました。そこには、当事者間の申込みと承諾という意思表示がありました。しかし債権・債務の中には、意思表示によらなくても、当事者間の公平のために、一定の要件を満たすことにより、法律上認められるものがあります。それらは法定債権と呼ばれ、事務管理、不当利得および不法行為よりなります。本章では、最も適用場面の多い不法行為を中心に、みていきましょう。問題となるのは、次のような場合です。

事例5

車にはねられて、大けがをした。治療費がかかり、会社を休んだ分の給料がもらえなかった。また顔に傷が残ったことで、精神的損害を被った。被害者は加害者に、これらの損害について、賠償を請求できるか。

709条には、「故意又は過失によって他人の権利又は法律上保護される利益を侵害した者は、これによって生じた損害を賠償する責任を負う。」とあります。これは不法行為による損害賠償を規定したものです。この条文からは、不法行為の要件は、①加害行為、②損害の発生、③加害行為と損害発生との因果関係および④加害者の故意（わざと）または過失（落ち度があって）の4つであることがわかります。さらに712条（未成年者）および713条（精神上の障がいのある人）は、加害者に自分のしたことの責任を理解する能力（責任能力）がなければ、不法行為責任を負わないと定めています。事例5で言えば、①の加害行為

は、自動車を運転して被害者をはねたことが該当します。②の損害は、治療費、休んだ分の給料、精神的損害が該当しそうです。③の因果関係については、後で検討しますが、因果関係がなければ、②であげた損害がすべて賠償されるわけではありません。④の故意・過失については、スピードの出し過ぎで急に止まれなかったり、運転者がわき見運転をして被害者に気づかなかったりしたのであれば、明らかに過失があるといえます。その一方で、交通事故の被害者が十分な補償を受けられるためには、不法行為責任を免れる無過失の認定は、厳しくするべきかもしれません。過失責任の原則は、人間が伸び伸びと活動できるよう、故意・過失があった場合のみ、責任を負わせようとするものです。しかし社会の高度化は、人々の生活にさまざまな危険を及ぼしています。自動車社会の進展と交通事故の発生が、その代表例です。古くからの過失責任の考え方のままでは、増大する危険に十分対処できないため、さまざまな法律が制定されています。なお、不法行為責任は、加害者本人が引きおこした損害を賠償するもので、他人が生じさせた損害については、賠償義務を負わないという自己責任の原則を前提としています。この点についても、会社の業務として従業員がしたことで、他人に危害が及んだ場合、従業員が賠償金を払いきれるか、不安が残ります。そこで自己責任を修正して、会社に責任をとらせる必要はないか、考える必要がありそうです。さらには責任能力のない人の行為によって損害を受けた場合、誰も損害賠償責任を負わないのであれば、被害者はあまりに気の毒です。

　損害賠償の対象となる損害について、もう少し詳しくみていきましょう。第1に、不法行為により被害者が出費を余儀なくされた損害（積極損害）です。積極損害には、事例5でみた治療費のほか、入院費、他人の所有物を損壊させたことによる損害（物損）、被害者が亡くなった場合の葬儀費用、裁判で敗訴した場合に負担する被害者の弁護士費用などがあります。第2に、不法行為がなければ得られた利益（消極損害）です。消極損害には、事例5でみた休業損害や、すぐ後で述べる逸失利益などがあります。第3に、精神的損害があります。精神的損害に対する損害賠償は、一般に慰謝料と呼ばれています。

　逸失利益とは、不法行為により死亡しなければ、一生の間に残していることが見込まれる金額を言います。逸失利益は、毎年一定の収入があると仮定すると、年収×就労可能年数−生活費−中間利息により算出されます。この式からは、年収が多いほど逸失利益は多くなります。そうするとお金持ちになるほど命が重くなるといっているようで、不公平に感じるかもしれませんが、不法行為は、公平の観点から、被害者に生じる損害を穴埋めする制度であるため、このような計算になるのです。また被害者が若い方が、就労可能年数が長いため、逸失利益は多くなります。中間利息の考え方は、次の通りです。金利が3％とすると、現在の100円は、1年後には103円（将来価値＝100×1.03）となります。このことからは、1年後の103円は現在の100円（現在価値＝103÷1.03）といい換えることができます。また1年後の100円は、現在の97円（現在価値≒100÷1.03）に相当します。中間利息とは、将来価値と現在価値の差額3円（100−97）を指します。

　次に、過失相殺について、簡単に説明しましょう。事例5で被害者もまた車を運転していて、加害者の車と衝突したと仮定します。もし被害者にもスピード違反があったような場合や、被害者が必要な治療を放置したためにけがが悪化したような場合は、被害者に生じたすべての損害をすべて加害者に負担させるのは、公平とはいえません。被害者の落ち度に応じて、損害賠償額を減少させることを過失相殺（722条2項）といいます。過失相殺は、債務不履行に伴う損害賠償にも、規定されています（418条）。

　不法行為の要件の最後に、因果関係についてみていきましょう。ここでは、車のカギのかけ忘れと交通事故との間の因果関係についての判断が示された判例の一部を紹介します。

　「自動車の所有者が、ドアに鍵をかけず、エンジンキーを差し込んだまま、駐車場に自動車を駐車させても、右駐車場が客観的に第三者の自由な立入を禁止する構造管理状況にあると認めうるときには、この駐車と右自動車を窃取した者が惹起した交通事故による損害との間には、相当因果関係があると認めることはできない。」（最判昭48.12.20民集27巻11号1611頁）。

　ここでは、相当因果関係というとても重要なワードが登場しました。相当因果関係とは、加害行為と損害との間に条件関係（あれなければ、これなし）があっても、加害者は、常識的に考えて加害行為によって生じたと思われる損害のみ賠償すればよいとする考え方です。交通事故は、カギのかけ忘れがなければ発生しなかった（両者の間には条件関係があった）わけですが、駐車場の構造からは、他人が車を奪い、さらにその車で交通事故を引き起こすと考えるのは、常識的に想定しづらいため、被害者の損害を車の所有者の責任とすべきでないというわけです。

　不法行為の要件の最後に、裁判では、不法行為が成立する①加害行為、②損害の発生、③加害行為と損害発生との因果関係、④加害者の故意または過失および⑤責任能力の5つの要件を主張・立証する必要がありますが、原則として、これらのうち、①〜④はすべて被害者（債権者）がすることを押さえてください。

2　特殊不法行為
（1）　概　要

　これまでは、過失責任の原則、自己責任の原則および責任能力をすべて満たした場合、つまり、自己責任のある人が、自らの故意または過失により、他人に損害を与えた場合の賠償責任をみてきました。しかしこれらの原則を貫くと、被害者の救済に不安が残ることは、すでにみたとおりです。

　そこで民法は、これらの原則を修正するいくつかの規定（特殊不法行為）を置いています。ここでは、特殊不法行為の中から、責任無能力者の監督者の責任（714条）、使用者責任（715条）、土地工作物責任（717条）をみていきましょう。

（2）　責任無能力者の監督者の責任

　まず、責任無能力者の監督者の責任です。責任能力があるとされるのは、一般に12歳前後といわれています。そうすると小学校低学年の子どもが、ボール遊びをしてよその家のガラスを割ったとしても、その子どもにはガラス代を弁

償する義務はありません。その場合、子を監督する義務を負う（820条）親が、賠償責任を負います。714条但書には、監督義務者が監督義務を怠らなかったとき、または監督義務を怠らなくても損害が生じたはずのときは、親は責任を負わなくていいことが書いてあります。しかし親が子に対して、よその家の近くでボール遊びをしないようにと言いつけていたとしても、簡単には親に責任がないとされません。

（3）　使用者責任

　次に、使用者責任です。会社を大きくするためには、社長ひとりでは限界があるため、従業員を雇い、さまざまな業務に従事させます。715条1項によれば、従業員が会社の業務の執行について第三者に損害を与えた場合、会社は賠償責任を負わなければなりません。会社は従業員によって利益を得ているわけだから、従業員が他人に与えた損害の責任は、会社が負うべきということです。ここでも会社は、従業員の選任や監督に相当の注意をしたか、相当の注意をしても損害が生じたはずのときは、会社は責任を負わなくていいことが書いてあります。しかし実際は、会社がこれらに当てはまるとして会社が責任を免れるのは、容易ではありません。さらにどこまでが業務の執行なのかは、被害者にはなかなかわかりません。そのため本来の業務の範囲を超えて、経理担当者が偽造株券を発行した場合や、営業担当者が営業車を運転中に他人を轢いたりした場合などにも、広く会社に責任を負わせています。ここで注意すべきは、不法行為を行ったのはあくまで従業員で、本来従業員が損害を賠償すべきところを会社が代わって賠償したということです。そこで会社には、支払った賠償額を会社に払うよう従業員に請求する権利（求償権）が認められています（715条3項）。しかし従業員が損害を与えた原因に、会社が命じた過重労働がある場合は、従業員に対する求償は大きく制限されます（最判昭51.7.8民集30巻7号689頁）。

（4）　土地工作物責任

　最後に、土地工作物責任をみていきましょう。ビル1棟をオーナーから借りて、パソコンショップを営んでいたところ、備え付けのビルの袖看板が落下し

て、下を歩いていた歩行者にけがをさせたとしましょう。その場合、まずはショップの管理責任が問われ、ショップの管理に過失があれば、ショップが歩行者に賠償しなければなりません（717条1項本文）。ショップの管理に問題がなく、ショップに賠償責任がない場合、今度はビルのオーナーが賠償責任を負います。これは無過失責任です（同但書）。これによって歩行者は、ショップまたはビルのオーナーのいずれかから賠償してもらえることになります。その際、事故の原因が袖看板を設置した工事会社にあれば、賠償金を支払ったショップまたはオーナーは、工事会社に求償することができます（717条3項）。

3　特別法による救済

（1）　製造物責任法

　これまでは民法に定められた特殊不法行為による被害者の保護をみていきましたが、以下は、特別法による被害者保護の例として、製造物責任法と自動車損害賠償保障法（自賠法）をみていきます。

　液晶テレビ全盛の現代ではあまり考えられませんが、テレビが普及しつつあったころには、テレビが発火するという事故もあったようです。電器店でテレビを購入し、使用していたところ、突然発火し、家屋が全焼したという事例を考えてみましょう。家屋焼失による損害に関し、被害者は、電器店またはテレビを製造したメーカーに対して、どのような損害賠償請求ができるでしょうか。これまで学んできた内容をもとに、少し考えてみてください。

　まず契約不適合責任について考えると、契約不適合責任は、テレビ自体の不具合について、修理などの追完や代金の減額などを求めるものでした。したがって家の焼失による損害はカバーされません。

　次に債務不履行にもとづく損害賠償請求はどうでしょうか。債務不履行責任は、あくまで契約の相手方にのみ、主張できるものです。被害者にとっての契約の相手方は、電器店になります。債務不履行においては、債務者の帰責事由は、契約などの債務の発生原因や社会通念に照らして判断されるのでしたね。消費者と電器店との間の売買契約においては、電器店は仕入れたテレビを販売

すればよく、発火の恐れはないかを検査する義務までは、要求されないでしょう。そうすると債務不履行を理由として損害賠償請求をするのは、難しそうです。

　今度は、不法行為にもとづく損害賠償請求を検討してみましょう。不法行為については、加害者の故意または過失を被害者が主張・証明する必要がありました。しかしテレビの製造工程に詳しくない消費者が、メーカーの過失を証明するのは、たいへん困難です。

　製造物責任法は、不法行為における被害者の困難さにかんがみ、被害者の救済を容易にするために作られた法律です。同法が適用されると、メーカーは、製品が通常有しているべき安全性を欠いていたこと（欠陥）により損害が発生した場合、被害者に対して賠償する義務を負います（製造物責任法3条）。もっとも出荷当時の科学技術に関する知見に照らして、欠陥の存在を認識できないような例外的な場合は、メーカーは責任を負わなくてよいとされており（同法4条1号）、完全な結果責任とはいえません。

（2）　自賠法

　自動車事故に遭った場合、これまで学んだことからは、①運転者に対しては、不法行為責任、②事業遂行に関連する事故であれば、会社などに使用者責任、③自動車に欠陥があったことにより事故が発生したのであれば、メーカーに製造物責任をそれぞれ問うことができます。

　現代は、自動車なしには社会が円滑に運営されないことは、いうまでもありません。しかしこのことは、私たちが交通事故の危険と絶えず同居していることを意味します。そうであれば一定の事故の発生が避けられないことを前提として、事故が発生した場合に、被害者が確実な賠償を受けられることを考えなければなりません。

　自賠法は、自動車の運行により他人の生命、身体を害したときに、運行供用者に賠償責任を負わせるものです。ここでいう運行供用者には、自動車の所有者（自ら運転する場合のみならず、レンタカー業者のように他人に使用する権利を与える場合を含みますが、過失なく無断で他人に利用された場合は運行供用者にあ

たりません）や、所有者でなくても自分のために運転する人（レンタカー利用者や運転代行者のような正当な権利を得て利用する人だけでなく、泥棒など正当な権利なく利用した人を含みます）が含まれます（自賠法3条本文）。したがって子が親の車で親を駅まで送るような場合は、親は運行供用者に該当しますが、子は自分のために運転したわけではないので、運行供用者にはあたりません。さらに運行供用者が賠償責任を免れるためには、①自動車の運行に注意を怠らなかったこと、②被害者側に故意または過失があったこと、および③自動車に構造上の欠陥または機能の障害がなかったことの3つを運行供用者が証明しなければなりません（同但書）。その証明がいかに困難か、想像できるでしょう。

　しかし運行供用者の範囲を広くとらえても、運行供用者に重い責任を課しても、賠償をするだけの十分なお金がなければ、絵に描いた餅になります。そこで被害者が確実な賠償金を得られるよう、自動車の運行にあたっては、自動車損害賠償責任保険または自動車損害賠償責任共済に加入することを義務付けています（自賠法5条）。ただし自賠法は、他人の生命、身体に与えた損害のみを対象としており、物損は対象になっていません。また責任保険または責任共済によってカバーされる額は、損害の賠償には必ずしも十分とはいえません。そのため任意保険（または共済）に加入する例が、多くみられます。保険（または共済）は、被害者に十分な賠償を得させるだけでなく、運行供用者側にとっても、事故を起こした際の多額の賠償義務から、生活の破綻を防止する意義を持っています。

2　不当利得

　次に、不当利得について、みていきましょう。

事例6

　佐藤さんは、自らの土地と隣接する田中さんが所有する土地の境界線が、Yの線であると誤信していたが、Xの線であった。ただし佐藤さんが誤信してい

たことに過失はない。二つの線にはさまれた領域から、たけのこが生えてきた
ので、佐藤さんはたけのこご飯にして食べた。佐藤さんは、たけのこの価値に
相当するお金を田中さんに払わなければならないのだろうか。

不当利得

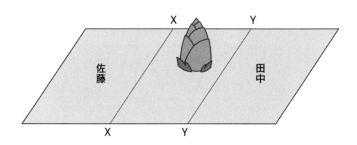

　たけのこは、本来は田中さんのものです。佐藤さんがたけのこを収穫したこ
とにより、田中さんには損失が発生します。しかしこれまで学んだ不法行為で
は、たけのこが自分のものと佐藤さんが信じたことに過失はありませんから、
佐藤さんは不法行為にもとづく損害賠償義務を負いません。703条には、「法律
上の原因なく他人の財産又は労務によって利益を受け、そのために他人に損失
を及ぼした者（以下この章において「受益者」という。）は、その利益の存する限
度において、これを返還する義務を負う。」と不当利得の返還義務が規定され
ています。佐藤さんが収穫したたけのこは、不当利得にあたります。そうする
と原則として佐藤さんは、田中さんにたけのこの価値に相当するお金を支払わ
なければなりません。ここでいう利益の存する額（現存利益）とは、たけのこ
そのものに限らず、例えばたけのこを売って得たお金や、利得により他の支出
を節約した場合の支出分をいいます。たけのこご飯にすることで、食費の一部
が浮くこともなさそうですから、佐藤さんには現存利益はなく、佐藤さんは不

当利得の返還義務を負わないと考えられます。なお境界線がXであることを佐藤さんが知っていた場合は、悪意の受益者として、受けた利益に利息を付けて返還しなければならず、他に損害があれば、賠償しなければなりません（704条）。

3 事務管理

今度は、事務管理について、みていきましょう。

事例7

> 隣人が海外旅行中に、台風が襲来し、玄関のドアが吹き飛んだ。このままでは雨が吹き込んで、家の中が水浸しになるので、急遽ドアを修理した。隣人が帰国したとき、ドアの修理代を払ってもらうことはできるか。

ここでのポイントは、隣人から修理の依頼を受けていないことです。つまり修理をする義務はありません。そうすると、頼まれてもいないのに勝手に修理したのだから、修理代を払ってもらえないともいえそうです。しかしいい意味でのお節介は、社会の調和を保つうえでは、尊重されるべきです。ただし義務のない場合に他人の事務（この事例では、隣人の家屋の維持が該当します）の管理（事務管理）をするのは、あくまで本人の利益にかなう方法によらなければなりません。ドアの修理が、正当な事務管理と認められれば、隣人から修理代を払ってもらうことができます（702条1項）。

第 3 章

債権の第三者効力と呼ばれるもの

1 債権者から債務者以外の第三者への請求

　債権の特徴として、債権者は債務者にのみ一定の行為を請求できるということをお話ししました。本章では、例外的に債務者以外の第三者に行為を請求できる場合として、債権者代位権と詐害行為取消権について学びます。

2 債権者代位権

次の例をみていきましょう。

事例8

> 　食品メーカーである甲社は、食品卸売業者乙社に製品を販売し、1000万円の売掛金がある。乙社は小売店の丙社に500万円の売掛金があるが、回収期限が来ても、回収せず放置している。乙社には、丙社に対する売掛金以外、めぼしい資産がない。甲社は、丙社に対して、乙社に代わり、売掛金の支払いを求めたい（代位行使）。

　債権者が債務者に代わって、債務者が第三債務者（この事例では、丙社が該当します）に対する債権を行使することを債権者代位といいます。債権者代位権が認められる要件として、①債務者に弁済できるだけの財産がないこと（無資力）、②債務者が自ら権利を行使しないこと（この事例では、乙社が丙社に対する売掛金の回収を放置していること）、③原則として債権が弁済期にあること（この事例では、甲社の乙社に対する売掛金の回収期限が到来していること（423条2項本文））、④債務者でなければ行使できない権利（一身専属権と言い、慰謝料請求

権などが該当します）や差押えを禁じられた権利（給与の75％に相当する部分（民事執行法152条1項2号）など）ではないこと（423条1項但書）、⑤債権が強制執行により実現できること（423条3項）があげられます。

債権者代位権

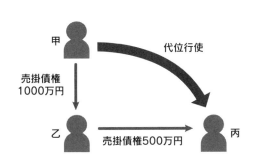

　第1章では、金銭債権の回収手段として、財産に対する強制執行を紹介しましたが、強制執行の対象となる財産には、債務者が第三債務者に対して有する債権も含まれます。強制執行には、裁判所に強制執行の根拠となる債権の存在を明らかにするためのもの（債務名義（民事執行法22条）といいます）が必要となります。債務名義には、確定判決（同1号）や強制執行に服することが書かれた公証人が作成する公正証書（同5号）などがあります。債権者が債務名義により裁判所に債権差押えの申立てをして認められると、取立権にもとづいて、債権者が第三債務者より取り立てます（民事執行法155条）。

　これに対して債権者代位権には、債務名義は必要なく、裁判所を通さずに行使できるメリットがあります。

　さらに後で詳しく説明しますが、複数の債権者が存在し、それら債権の合計額が財産の額に満たないとき、通常の強制執行では、債権者平等の原則により、回収額は債権額により按分されます。もし丁社が乙社に対して250万円の債権を有していたとき、甲社が乙社から回収できるのは、400万円（＝500万円×

1000万円÷（1000万円＋250万円））にとどまります。

　これに対して、債権者代位権では、甲社は、本来は丙社に対して、乙社へ500万円支払うよう求めるべきところ、甲社自らへ500万円を支払うよう求めることができます（423条の3）。というのも、債権者代位権を行使する状態では、債務者が第三債務者からの支払いを受け取らない可能性があるからです。そうすると甲社には、受け取った500万円を乙社に返還する義務が発生します。ところが甲社には、乙社に対する売掛金が1000万円あり、返還すべき500万円を上回っているため、受け取った500万円は返還しなくてもよいとされています（後で学ぶ相殺（505条1項））。この場合、甲社が乙社から回収できるのが500万円であるのに対し、丁社はまったく回収できないこととなります。このことを指して、債権者代位権には、事実上の優先弁済権があるといいます。なお事例8では、甲社の乙社に対する債権額1000万円が、乙社の丙社に対する債権額500万円を上回っており、乙社の丙社に対する債権を全額代位行使できましたが、仮に甲社の乙社に対する債権額が400万円で、乙社の丙社に対する債権額500万円を下回っていた場合、代位行使できる金額は、甲社の乙社に対する債権額400万円が上限となることに注意してください（423条の2）。債権者代位権は、債権者が債務者以外の第三者に干渉できる例外的な制度ですから、その範囲も、必要最小限にとどまるのです。

債権者の競合

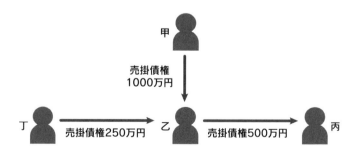

3 詐害行為取消権

それでは次の例はどうでしょうか。

事例9

　食品メーカーである甲社は、食品卸売業者乙社に製品を販売し、3000万円の売掛金がある。しかし売掛金は、支払期限が来ても、一向に弁済されない。乙社は、5000万円の価値を有する土地以外には、ほとんど財産を持っていなかったが、このままでは土地が強制執行されてしまうと思った乙社は、強制執行を逃れるため（いわゆる資産隠し）、友人が営む丙社に土地を贈与した。甲社は、土地から回収することができるか。

詐害行為取消権

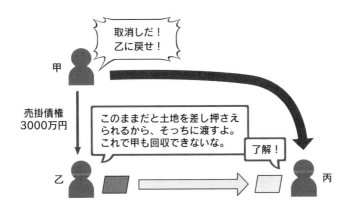

　424条は、債権者が、債務者の財産の減少を回復することにより、自らの債権の実現を図るために、債務者の行為を取り消す権利（詐害行為取消権）を定めています。詐害行為取消権を行使するときは、裁判所に請求しなければなり

ません（424条1項本文）。ここで詐害行為取消権の行使が認められると、土地は乙社のもとに戻り、甲社を含むすべての債権者の引当て（共同担保）となります。ここで甲社が詐害行為取消権を行使する相手は、乙社ではなく、丙社（受益者）であることに、注意してください。「贈与を取り消すので、乙社に土地を返せ！」（424条の6第1項第1文）。もし土地が転売された場合のように、目的物そのものの返還が困難であれば、目的物と同額のお金を戻すことを請求することもできます（同第2文）。

　ここでもし取り戻すべき目的物が金銭や動産（不動産（土地および建物）以外の物のことで（86条2項）、土地に定着していないために、一般に移動ができます）の場合、債権者は自らに引き渡すことを要求できます（424条の9第1項）。債務者は強制執行を逃れるために受益者に目的物を譲渡（売買、贈与など）したわけですから、債務者が受け取ることは、とうてい期待できません。そうすると取り戻す目的物が金銭の場合は、債権者代位の場合と同様、債権者は、自ら金銭を受け取った後、債務者に対する債権額と債務者に返還すべき金額を相殺して、事実上の優先弁済を受けることができます。なお取消しの目的物が金銭のように分けることが可能（可分）な場合は、取消しの範囲は、自らの債務者に対する債権の額が、上限となります（424条の8）。

　詐害行為取消権の行使は、受益者に対する極めて大きな干渉といえます。詐害行為取消権の要件は、①債務者の行為（事例9では、乙社から丙社への贈与）により財産が回収できなくなること（詐害性）、②詐害行為の前に債権（甲社の乙社に対する売掛金）の原因が生じていること（424条3項）、債権が強制執行により実現できること（424条4項）、③債務者、受益者ともに詐害性を認識していること（詐害意思、424条1項但書）となっており、厳しく制限されています。

　ところで事例9では、土地は受益者である丙社のもとにとどまっていますが、さらに丙社から丁社に移転していた場合は、甲社は乙社に土地を戻すことはできるでしょうか。受益者に対する詐害行為取消請求が可能な場合、転得者（丁社）にも詐害意思があれば、債権者（甲社）は、転得者から債務者（乙社）への返還を求めることができます（424条の5第1号）。

転得者との関係

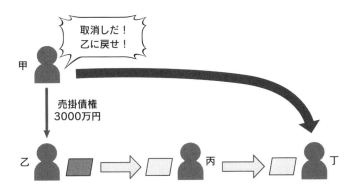

第 4 章

金銭債権・債務あれこれ

1　金銭債権・債務を発生させる契約

　金銭債務が発生する典型的な契約として、売買契約（代金の支払い）、金銭消費貸借契約（借入金の返済）、賃貸借契約（賃料の支払い）が挙げられます。

　金銭債務の特徴をおさらいすると、①履行不能は認められず、履行遅滞のみ、②損害賠償を請求するためには、債務者に帰責事由が不要、③履行遅滞があれば必ず損害があったと扱われ、損害額は当事者間で取決めがなければ法定利息相当分、④損害についての立証は不要ということでした。②は、別の言い方をすると、不可抗力で払えなかったは通用せず（419条3項）、例えば銀行のオンライン・システムが故障していたので、預金を引き出すことができなかったとしても、遅延利息を払わなければなりません。

2　債権の消滅

1　弁　済

　債権が消滅する事由として、民法は、弁済（債権の内容どおりの弁済（本旨弁済）のほか、代物弁済、供託も規定しています）、相殺（505条）、更改（513条）、免除（519条）および混同（520条）の順に定めています。

　弁済は債務の履行と同じことですが、弁済が債権の消滅する効果に着目したものなのに対し、債務の履行は債務者の行為に着目したものです。

　弁済は債権者に対して行われなければ、債務は消滅しません。それでは、預金者に無断で預金通帳と届出印を持ち出した他人に対して、銀行が預金の引出しに応じた場合、銀行による弁済は無効となって、その後真の預金者が請求す

れば、改めて銀行は支払わなければならない（二重払い）のでしょうか。478条には、受領権者としての外観を有する者に対する弁済は、弁済者が善意無過失のときに限り有効とするとあります。引出しを請求した人が真の預金者でないことに銀行が善意無過失であれば、その人に払った後は、真の預金者に支払わなくてもよいことになります。しかし銀行に過失ないといえるためには、引出しに来た人が真の預金者かどうか怪しければ、身分証明書の提示を求めたり、預金者の住所に電話で確認したりするなどの必要があるでしょう。

　現在は、預金の引出しには、通帳や印鑑を使用することは少なく、キャッシュカードが圧倒的に多く利用されています。ところがキャッシュカードは、盗難だけでなく、偽造の危険も小さくありません。

　そこで預金者保護法により、キャッシュカードが偽造や盗難に遭っても、預金者に重過失（少し気を付ければ防げるミス）がなければ、たとえ過失があっても、広く補填されます。重過失の場合は、偽造、盗難とも被害が補填されないのに対し、過失にとどまる場合は、偽造被害は全額補填され、盗難被害は75％が補填されます（同法5条2項）。ここでは補填されない重過失の例のみ紹介すると、本人が他人に暗証番号を知らせた場合、本人が暗証番号をキャッシュカード上に記入していた場合、本人が他人にキャッシュカードを渡した場合があげられます。

　ここでとても重要な概念である弁済の提供について、ふれておきましょう。債権者が弁済を受領しない場合、債務は消滅しません。つまり弁済には、債権者の協力が必要ということです。そうすると債権者の協力が得られない結果、弁済の期限を過ぎると、債務者は債務不履行責任を負うのでしょうか。それでは債務者があまりに気の毒です。債務者は、弁済の提供をすれば、債務不履行責任を免れることとなっています（492条）。弁済の提供で、重要なのは、債権者があらかじめ弁済の受領を拒んでいる場合や、債務者の債務の履行に債権者の行為を要する場合は、弁済の準備をしたことを債権者に通知して、弁済を受領するよう催告すれば、弁済の提供があったとされることです（493条）。一般に債務は、弁済が債権者の住所でなされる持参債務（酒屋さんが注文したビール

を家に配達してくれるような場合）と、債務者の住所でなされる取立債務（注文したビールを酒屋さんに取りに行くような場合）に分かれるとされており、特に取決めがなければ、持参債務とされます（484条1項）。493条からは、持参債務であれば、現実の提供（家までビールケースを持ってくる）が弁済の提供にあたり、取立債務であれば、酒屋さんが「ビールが入荷しましたので、取りに来てください」（口頭の提供）と伝えれば、弁済の提供をしたことになり、以後債務者は、債務不履行責任を負わずにすみます。

　ただし弁済の提供をしても、債権者が弁済を受領しなければ、債務は消滅しません。債務を消滅させるためには、目的物を供託所に供託する必要があります。供託は、弁済の提供をしたにもかかわらず債権者が受領を拒んだときのほか（494条1項1号）、債権者が弁済を受領することができないとき（同2号）、過失なく債務者が誰に弁済すべきかわからないとき（494条2項）にも可能です。

2　相　殺

　相殺については、すでに債権者代位権、詐害行為取消権で触れましたが、もう少し詳しく説明します。以下の事例をみてみましょう。

事例10

　鈴木商店は、農業を営む山田さんから、フルーツを仕入れており、仕入代金10万円を支払わなければならない。一方山田さんは、不作の年に鈴木商店から資金を融通してもらっており、20万円を返済しなければならない。両者は、それぞれの金額を現実に支払わなければならないのだろうか。

　鈴木商店から山田さんへ、山田さんから鈴木商店へ、それぞれの金額を現実に支払わなければならないとすると、手間がかかります。またどちらかが支払えなくなったにもかかわらず、他方が支払わなければならないとするのも、合理的とは思われません。そこで民法は、一方から他方へ一方的に相殺することを通知すれば、重なる金額（対等額）については、支払義務を負わずに済むとしました（505条1項）。事例10で言えば、どちらかが相手方に「相殺する」と

通知すれば、双方10万円の支払義務を免れ、その結果鈴木商店に差額の10万円の債権が残ることとなります。このように相殺は、簡便な決済を可能にします。また相手方の経済状態が悪くなっても、現実に支払いを受けたのと同じ効果があります。これを指して、相殺には担保的機能があるといいます。

　ここで用語を説明します。相殺する側の債権（相殺される側にとっては債務となります）を自働債権と呼びます。これに対して、相殺される側の債権（相殺する側にとっては債務となります）を受働債権と呼びます。相殺にあたっては、両債権とも弁済期日を迎えている必要があります。ただし自働債権の弁済期が受働債権の弁済期日より早く到来するのであれば、受働債権を弁済期日まで弁済しなくてよいというメリット（これを期限の利益といいます）を放棄して（136条2項）、受働債権の弁済期を自働債権の弁済期まで繰り上げて、相殺することができます。鈴木商店の貸金債権の弁済期が2月末、山田さんへの仕入代金の弁済期が3月末であれば、鈴木商店は期限の利益を放棄して、2月末に相殺することができます。

3　代物弁済・更改

　債権の消滅の最後に、代物弁済（482条）と更改についてみていきましょう。代物弁済は、借入金が返済期を迎えるのに際して、債権者と債務者が合意のうえ、お金による返済に代えて、土地を譲渡することとする場合などがあたります。更改は、飲み屋さんへのつけがたまっていたところ、店と合意のうえ、1週間厨房を手伝うことに変更し、飲み代を払わなくてよいことにするような場合です。代物弁済と更改の違いは、代物弁済は実際に代わりの給付がなされてはじめて元の債務が消滅するのに対して（土地が譲渡されなければ、借入金は消滅しません）。更改では、新しい債務が履行されるかどうかにかかわらず、合意の時点で元の債務が消滅することです（厨房の手伝いがされなくても、もはやつけは回収できません）。更改といえば、プロ野球のシーズン後になされる次年度の年俸交渉を思い出す人も多いでしょう。しかしこれは単に当年度の契約の終了に伴い、新しく次年度の契約を締結するにすぎず、更改ではありません。

③　債権譲渡・債務引受

1　債権譲渡

　動産や不動産と同様、債権もまた、他者に譲渡ができます（466条1項）。債権譲渡がなされるのは、例えば次のような場合です。

事例11

　菓子問屋甲社は、スーパー乙社に対して、100万円の売掛債権があり、支払期日は3か月後である。甲社は、菓子メーカーへの仕入代金の支払期日が迫っているが、資金繰りに困っている。甲社は、売掛債権を金融業者丙社に95万円で譲渡することにより、資金を調達することを考えている。

　債権が譲渡されると、売掛債権の支払期日である3か月後に、乙社は丙社に100万円を支払うことになります。債権額100万円と譲渡により丙社が甲社に支払う95万円の差額は、利息相当分と解釈され、丙社の利益となります。

　債権譲渡により、債権者（事例11では甲社）の債務者（事例11では乙社）に対する債権は、そっくりそのまま譲受人（事例11では丙社）に移ります。しかし債務者が誤って当初の債権者に支払ってしまう（二重払い）のを防ぐため、債権の譲受人が債務者に対して債権の弁済を求めるためには、債権者と譲受人との間の合意だけでは足りません。譲受人が債権者となったことを債務者に主張する（対抗する）ためには、当初の債権者から債務者に対して、譲受人に債権を譲渡したことを通知するか、債務者が債権者または譲受人に対して譲渡を承諾するかをしなければなりません（467条1項）。通知・承諾により、債務者が誰に弁済すればよいかが明らかになります。ここでは譲受人は通知できないことに注意してください。「おれが債権を譲り受けたから、以後はおれに払え」と言われても、本当に譲り受けたか、怪しいですよね。実際には債権を譲り受けていない人から通知を受けて、その人に弁済した場合、債務者は債権者に支払わなくてはなりません。

債権譲渡の対抗要件

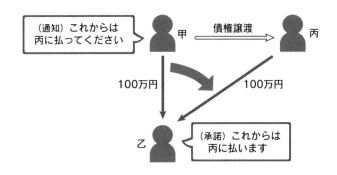

　ところで債権は、多重に譲渡される場合があります。例えば、第一譲受人（事例11の丙社）への譲渡に続き、さらに譲渡代金を得るため、第二譲受人丁社に譲渡することがあります。そうすると今度は、乙社は丙社と丁社のどちらに弁済をすればよいのかという問題が起きます。467条1項は、債権譲渡があったことを債務者に対抗するための要件でしたが、債務者以外の第三者に対する対抗要件は、確定日付のある証書による通知・承諾と定められています（467条2項）。丁社は、債務者以外の第三者にあたります。確定日付ある証書の代表的なものに、内容証明郵便があります。内容証明郵便は、いつ、どのような内容の文書が、誰から誰宛に差し出されたかということを郵便局が証明してくれる郵便です。内容証明郵便を使えば、甲社と丁社が示し合わせて（通謀）、丁社が丙社より早く譲り受けたかのように、譲渡時期を偽ることを防ぐことができます。それでは乙社は、甲社からの丙社に譲渡したとの確定日付通知と、丁社に譲渡したとの確定日付通知にある2つの日付を比較し、丙社への譲渡が早いことを確認して、丙社に払うことになるのでしょうか。判例によれば、もし丁社に譲渡したとの確定日付通知が、丙社に譲渡したとの確定日付通知より先に到達すれば、乙社は丁社に支払うべきこととなります（最判昭49.3.7民集28巻2号174頁）。判例は、債権を譲り受けようとする者は、まず債務者に対し

て、債権は本当に存在するのか、すでに第三者に譲渡されていないのかを確認するのが通常であると述べています。つまり債務者の認識を通じて、債権を譲り受けるかどうかを判断するということです。そうすると債権譲渡の通知を受けていないうちは、債務者は債権譲渡があったとの情報を持っていないので、債務者が債権譲渡の（確定日付ある）通知を受けるまでは、債権を譲り受ける者が現れる余地を認めよう、債務者が債権譲渡の（確定日付ある）通知を受ければ、その通知に記載された譲受人に支払えばよいことにしようということです。難しい内容になってしまいましたが、実際に誰が早く債権を譲り受けたかよりも、債務者が誰に支払えば済むかを最優先にした議論といえるでしょう。

債権の二重譲渡の問題

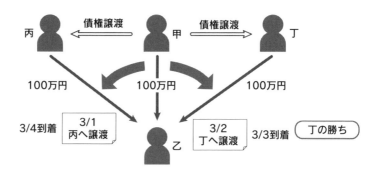

　債権譲渡のお話の最後に、譲受けの対象となった債権について、債務者が相殺できる状態にあった場合は、どうでしょうか。事例11で、仮に乙社が甲社に対して30万円の債権（自働債権）を持っており、相殺可能であったとします。このように相殺をもって債務の履行を拒める事由があることを指して、債務者には相殺の抗弁権があるといいます。それでは債権譲渡により、もともと甲が債権者であった受働債権の債権者が丙社に変わったことにより、もはや乙は相殺できず、丙に100万円を支払い、30万円はあくまで甲からもらわなければならないのでしょうか。そうするともし甲が無資力となれば、30万円の回収は困

難になります。そこで民法は、通知・承諾により、丙社が債権を譲り受けたことを乙社に主張できるようになる（対抗要件を備える）までに、乙社が甲社に対する債権を取得していれば、甲社に相殺ができたことを丙社に対抗できると定めました（469条1項）。つまり乙社が丙社に支払わなければならないのは、差額の70万円にとどまります。この場面でも、相殺の担保的機能が発揮されています。

債権譲渡と抗弁

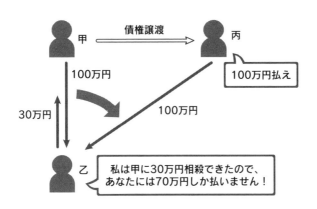

2　債務引受

　債権譲渡についての説明はここまでとして、今度は債務引受について、みていくことにしましょう。債務引受には、2つあります。

　ひとつめは、免責的債務引受といわれるものです。これは伊藤さんが岡田さんから10万円借りていたとき、木村さんが返済を引き受け、その結果伊藤さんは債務者でなくなり、木村さんのみが債務者となるような場合です（472条1項）。この場合、重要となるのは、木村さんに借入金を返せる資力があるかどうかです。資力がない人が引き受ければ、債権者が回収できなくなる恐れがあります。そこで免責的債務引受は、債権者と引受人の間の契約によるか（472

条2項）、債務者と引受人の間の契約による場合は、債権者が引受けを承諾することが必要になります（472条3項）。

　2つめは、併存的債務引受といわれるものです。これは伊藤さんが岡田さんから10万円借りていたとき、木村さんが返済を引き受けるも、伊藤さんも債務者にとどまるような場合です（470条1項）。債権者にとっては、債務者が増えるわけですから、債権を回収できる可能性が高まります。そのため併存的債務引受は、債権者と引受人の間の契約のほか（470条2項）、債務者と引受人との間の契約のみでも成立します（470条3項）。

4　保証債務

　人にお金を貸すとき、債務者が約束どおり返してくれるとは限りません。そのときに債務者の財産が乏しく、強制執行によっても十分な回収ができない場合は、貸倒れが避けられません。貸倒れを防ぐ方法のひとつに、第三者との間で保証契約を結ぶ方法があります。保証契約は人的担保とも呼ばれ、債務者が弁済しないときに特定の第三者（保証人）に弁済を求めることにより、債権の回収を図る制度です（446条1項）。保証契約は、債権者と保証人との間で締結されることに注意してください。多くの場合は、主債務者（保証債務を負う保証人と区別するために、このように呼ぶことが一般的です）と保証人との間で、「私の債務を保証してください」という保証委託契約が結ばれますが、保証委託契約がなくても、債権者と保証人の間のみで保証契約が結ばれることもあります。

　保証契約は、主債務が債務不履行になった場合に、債権を確実に回収するために結ばれますので、保証債務の範囲は、主債務のみならず、主債務にかかる利息、違約金、損害賠償などすべてのものに及びます（447条1項）。

　保証債務の特徴の一つに、付従性・随伴性があります。付従性とは、主債務が成立しない以上、保証債務も成立せず、また主債務が消滅すると保証債務も消滅するということです。随伴性とは、債権譲渡などにより債権者が代わる場

保証債務

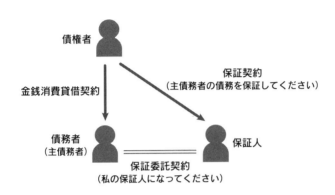

合、保証人は新しい債権者に対して保証債務を負うということです。債権譲渡にあたっては、債権譲渡に必要な主債務者への通知がなされれば、保証人への通知は必要ありません。

　またもし主債務者が債権者に対して相殺可能な反対債権を持っている場合など、主債務者に抗弁事由がある場合、保証人は、主債務者の抗弁を債権者に対抗することができます（457条2項）。例を挙げると、甲が乙に対して貸付債権100万円を持っているが、乙は甲に対して売掛債権を30万円持っており、両債権は相殺が可能であった場合、乙の債務を保証した丙は、乙が甲に対して30万円の相殺が可能であったことを主張（相殺の抗弁の援用）して、差額の70万円を超える支払いを拒むことができます（457条3項）。

　このように保証債務は、主債務あっての存在なので、債権者から保証人が債務の履行を求められた場合、「まず主債務者に請求してくれ」（催告の抗弁（452条））、「主債務者には資力があり、執行も容易なので、まず主債務者の財産に執行してくれ」（検索の抗弁（453条））といって、ひとまず履行を拒むことができます。しかし実務では、このような普通保証契約はむしろまれで、保証人に催告の抗弁、検索の抗弁がともに認められない連帯保証契約（454条）が一般

保証人による主債務者の抗弁の対抗

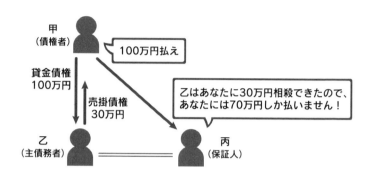

的です。これにより債権者は、主債務者が債務不履行をおこすと、いきなり保証人に請求し、保証人の財産に強制執行することができます。

　保証契約では、主債務者と保証人の間で「絶対迷惑かけないから、保証してください」といった保証委託がなされ、保証人が後で予想もしない金額を請求されるなど、保証人が過酷な状況に置かれる例が後を絶ちません。そこで保証人を保護するため、さまざまな立法上の手当てが講じられてきましたが、ここでは保証契約の要式性についてのみ、ふれておきましょう。原則として契約は、口頭の合意により成立し、書面によって締結する必要はありませんが（522条2項）、保証契約は、書面で締結しなければ、効力がないと定められています（446条2項）。書面を作成することにより、保証人が慎重に保証契約を締結することを期待しているのです。この書面の作成は、情報通信技術を利用した記録（電磁的記録）によることもできます（446条3項）。

　主債務者からの委託を受けた保証人が、債権者に対して保証債務を履行し、主債務が消滅した場合、保証人は、主債務者に対して全額求償することができます（459条）。このように、最終的には主債務者が全額負担することになります。しかし債権者が保証を求めるときは、主債務者の信用力が不安なため、保証人の資力をあてにしている場合が少なくありません。そのため保証人が債権

者に弁済した後、主債務者に求償しても、満足な支払いが得られないことが多いのです。

保証人から主債務者への求償

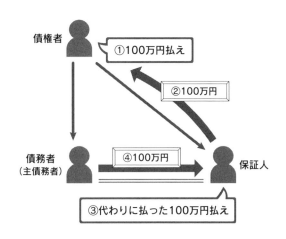

第 5 章　賃貸借契約について

1　賃貸借契約とは

　賃貸借契約とは、賃借人が賃貸人に賃料を支払って、目的物を使用・収益する契約です（601条）。レンタルDVD、レンタカー、貸衣装などの動産も、賃貸借の目的物となります。しかしより重要なのは、不動産（土地、建物）の賃貸借です。不動産を借りることは、生活や事業の基盤となりますから、判例法理や借地借家法などの特別法により、賃借人が厚く保護されています。借地借家法には、規定に反して賃借人（または賃借人からさらに借り受けた転借人）に不利な特約が認められない（片面的）強行規定が、いくつもみられます（借地借家法9条、16条、21条、30条、37条）。

2　敷金と原状回復

　不動産の賃貸借契約の締結に際しては、賃借人から賃貸人へ敷金を差し入れることが一般的です。敷金は、賃料などの支払いを担保するものです。敷金については、賃貸借契約の終了にあたって、賃料の未払い分、賃借人の故意・過失で損傷した箇所の修復費用（原状回復費用）を差し引いた後、残金が賃借人に返還されます。それでは賃借人は、賃貸人より敷金が返還されなければ、退去しませんと主張できるでしょうか。敷金の返還は、目的物を明け渡すことにより可能となります（622条の2第1項1号）。明渡しと敷金返還は同時履行ではなく、先に明渡しをしなければなりません。

　賃借人の原状回復義務の範囲には、通常の使用・収益で生じた損耗や経年変化による損傷は含まれないとされます。また賃借人に帰責事由のない損傷も、

原状回復義務の範囲に含まれません（621条）。したがって賃貸人は、原則として、傷んでいない部分の壁紙やカーペットの張替えなどのグレードアップはもちろんのこと、家具による床のへこみや、冷蔵庫の裏の黒ずみなど、使用するうえで当然に生じるものの修繕を求めることはできません。これに対して、清掃をしないことによるひどい汚れや、ペットによる傷などは、賃借人に帰責事由ある損傷として、要した費用を賃借人に請求する（敷金より差し引く）ことができるでしょう。

　もっとも、原状回復義務を徹底すると、建物を所有するために土地を賃借した賃借人（借地人）や、賃貸人の同意を得てエアコン等の造作を設置した建物の賃借人は、賃貸借の終了にあたり、それらを撤去しなければならないことになります。しかしそれでは、あまりにもったいないですね。そこで賃貸借の終了にあたっては、借地人は、土地の賃貸人（借地権設定者）に対して、建物を買い取るよう請求することができ（建物買取請求権（借地借家法13条1項））、また建物の賃借人は、賃貸人に対して、造作を買い取るよう請求することができます（造作買取請求権（借地借家法33条1項））。建物買取請求権は強行規定ですが（借地借家法16条）、造作買取請求権は任意規定で、多くの建物賃貸借契約書には、造作買取請求権を排除する条項があります。造作は別の建物に取り付けられることが多い一方で、建物は取り壊さざるをえません。また建物の多くは高額です。造作よりも建物のほうが、失うときのもったいなさが大きいということですね。

③　賃貸借契約における権利義務

　ここで賃貸借契約における賃貸人の義務と賃借人の義務について、押さえておきましょう。

　賃貸人は、賃借人に目的物を使用・収益させる義務を負います（601条）。これにより、賃借人による使用・収益を妨げる者がいれば、賃貸人は排除しなければなりません。

　さらに賃貸人は、賃借人が目的物を使用できるよう、必要な修繕をする義務を負います。例えば、エアコン付き物件としてマンションを賃貸した場合は、エアコンが故障すれば、賃貸人のほうで修理しなければなりません（606条 1 項）。もし必要な修繕を賃借人が行った場合は、それに要した費用（必要費）を賃貸人が返さなければなりません（608条 1 項）。ただし実務では、電球の交換などの小修繕を賃借人の負担とする契約条項を設ける場合も多いようです。さらに賃借人が借家の階段に手すりを取り付けるなど、目的物の価値を増加させる費用（有益費）を支出した場合、それにより賃貸借契約終了時も目的物の価値の増加が認められれば、有益費を返すよう、賃貸人に求めることができます（608条 2 項）。ただしこの場合も、実務では、目的物が変化するような修繕そのものを禁止したり、有益費返還請求権を排除する場合が多いようです。

　これに対して、賃借人には、まず賃料を支払う義務があります（601条）。第 1 章でもふれましたが、家賃の支払時期は、614条で毎月末となっていますが、契約書で「月末までに翌月分の家賃を振り込む」などと前払いが決められている場合が多いです。

　建物の賃借人による家賃の不払いは、債務不履行にあたります。それでは、これまでずっと家賃を支払ってきた賃借人が、 1 回でも不払いを起こした場合、賃貸人は相当の期間を定めて催告し、なおも支払いがなければ、賃貸借契約を解除できるでしょうか。ここでは賃貸借が賃借人の生活や事業の基盤となっていることを思い出してください。賃料の不払いは、賃貸人にとっても痛いでしょうが、賃借人が解除によってそれらの基盤を奪われれば、より大きな痛手を被るといえるでしょう。そこで判例は、賃料の滞納があっても、信頼関係が破壊されるまでに至っていないときは、賃貸借契約を解除できないとしています（最判昭39. 7. 28民集18巻 6 号1220頁）。さらに信頼関係が破壊されるに至った場合は、無催告で解除できます（昭27. 4. 25民集 6 巻 4 号451頁）。

　次に賃借人は、目的物の用法に従って使用・収益する義務を負います（616条、594条 1 項）。居住用マンションとして借りたのに事務所として使った場合や、ペットの飼育やピアノの演奏が禁じられているのに従わなかった場合などが、

義務違反に該当します。これらの違反が賃貸借契約の解除事由（616条、594条3項）となるかについても、信頼関係の破壊に至ったかどうかで判断されます。

　賃借人の債務不履行で、さらに重要なことは、賃借人は、賃貸人に無断で、賃借権の譲渡や目的物の又貸し（転貸）をすることが禁じられ（612条1項）、無断譲渡・転貸をすれば当然に解除事由となることです（612条2項）。一般に賃貸借契約では、個人的信頼が重視されるため、賃貸人の同意が必要とされているのです。ただし無断譲渡・転貸についても、判例は、信頼関係が破壊されていなければ、賃貸借契約の解除はできないとしています。最高裁は、共同ですし屋をしていた事実上の夫婦の夫が、借地権を持ち、借地上に建物を所有していたところ、夫が死亡し、相続人より妻がその建物と借地権を譲り受けたケースで（相続人は、妻への譲渡にあたり、土地の所有者より承諾を得る必要があり、無断譲渡になります）、妻がすし屋の営業を継続し、土地の所有者も同棲の事実を知っていた以上、信頼関係の破壊に至っていないとして、解除を無効としました（昭39.6.30民集18巻5号991頁）。

　（信頼関係の破壊に至った）無断譲渡・転貸の場合、賃借権の譲受人・転借人は、不法占拠者となり、賃貸人は退去を求めることができます。

　賃貸借契約が解除されると、その効果は将来的に無効となります（620条）。通常の解除のように、契約が最初からなかったことになるわけではありません。

4　賃借権の譲渡・転貸の法律関係

　無断譲渡・転貸が先になってしまいましたが、賃借人がきちんと賃貸人の承諾をもらって賃借権を譲渡した場合、賃借権の譲受人が新たに賃借人となります。敷金については、賃貸人は旧賃借人に対して、旧賃借人の未払家賃や原状回復費分を差し引いた後の敷金を返すことになります（622条の2第1項2号）。

　転貸については、賃貸人（転貸人）と転借人との間で転貸借関係が生まれます。しかし転貸借は、もとの賃貸借の上に成り立っているものですから、賃借人が賃貸人から債務不履行を理由に賃貸借契約を解除されると、転借人は退去

しなければなりません（613条3項但書）。これに対して、賃貸人と賃借人の間の合意で賃貸借契約が解除（合意解約）された場合、賃貸人は解除を転借人に対抗できず、転借人は引き続き、目的物を使用・収益できます（613条3項本文）。転借人にとっても、目的物はれっきとした生活や事業の基盤であることに変わりなく、賃借人の意思にもとづく合意解約により、転借人が退去を迫られるべきではないからです。

⑤　不動産譲渡と賃貸借

　これまでは、賃借権の譲渡についてみてきましたが、賃貸人が不動産を第三者に譲渡することにより、不動産の所有者が変わった場合の法律関係をみていきましょう。

　不動産の譲受人は、賃借人に退去するよう求めることができるでしょうか。605条は、不動産の賃貸借は、登記することにより第三者に対抗できるとしています。実は、賃借権そのもの登記は、あまり行われていません。登記については、後で詳しく説明しますが、ここではとりあえず、不動産にかかる権利者が誰であるかを知らせるための公的な記録としておきましょう。そうすると賃貸人は、賃借人に退去を求めることができそうです。しかし建物の所有を目的とした借地権は、その登記がなくても、土地の上に登記された建物を所有していれば、第三者に対抗できます（借地借家法10条1項）。また建物の賃貸借は、その登記がなくても、建物の引渡しがあったときは、第三者に対抗できます（借地借家法31条）。マンションを借りる場合、物件の引渡しを受けていれば、その後マンションの所有者が他人にマンションを売却しても、賃借人は、新しい所有者よりマンションを追い出される心配はありません。

　それでは不動産の譲受人は、新しい賃貸人として、当然に賃借人に賃料を請求できるでしょうか。貸す債務が譲受人に移転することは、（免責的）債務引受にあたるため、賃借人の承諾が必要ともいえそうです。しかし貸す債務は、不動産の所有者であれば誰でも履行できるので、新しい賃貸人は、賃借人の承

諾なく、賃貸人の地位を引き継ぐことができます（605条の2第1項）。ただし賃貸人になったとしても、賃借人に賃料を払ってもらうためには、登記が必要です（605条の2第3項）。これは賃借人が誤ってもとの賃貸人に賃料を払うことを防止するためです。それでは旧賃貸人に差し入れられていた敷金はどうなるでしょうか。判例によれば、敷金を返す債務は、新しい賃貸人に引き継がれ（605条の2第4項）、その金額は、賃貸人の地位が引き継がれるまでに生じた未払賃料を差し引いた分です（最判昭44.7.17民集23巻8号1610頁）。実際には、不動産の譲渡に伴う賃貸人の地位の譲渡にあたっては、この金額の敷金が旧賃貸人から新しい賃貸人に交付されることになるでしょう。

6　賃貸借の期間

　賃貸借契約は、継続的な契約のため、契約期間が非常に重要です。一般に期間の定めのある継続的契約では、期間中は、債務不履行の場合を除き、当事者の一方の意思のみで解除することはできません。定められた賃貸借の期間中は、賃貸人は貸し続けなければならず、賃借人は賃料を払い続けなければなりません。ただし不動産の賃貸借契約書では、賃借人に中途解約を認める条項があるのが普通です。急な転勤などで離れなければならなくなったのに、借り続けなければならないのであれば、そのような物件を借りようとする人は、いなくなるからです。その一方で期間の定めのある継続的契約は、期間満了により、契約は当然に終了します。不動産の賃借人にとって、契約期限が来れば当然に退去を迫られるのは、しかたないのでしょうか。

　これに対して期間の定めのない継続的契約は、各当事者からの解約の申入れ後一定期間の経過により終了するのが原則です。しかしこれでは、不動産の賃借人にとっては、やはり過酷といえるでしょう。そこで賃貸借特有の考え方がとられます。以下では、建物賃貸借にしぼって、賃借人がどのように保護されているか、みていきましょう。

　期間の定めのある建物賃貸借については、契約期間満了時の更新が問題とな

ります。賃貸人と賃借人が合意すれば、賃貸借契約は更新しますが、そのほかにも、当事者が期間満了の1年前から6か月前までに更新しない（更新拒絶）または条件を変更しなければ更新しないと相手方に通知しなかったとき（借地借家法26条1項本文）または更新拒絶をしても賃借人が使用を継続し、賃貸人が遅滞なく（すぐにという意味ですが、「直ちに」や「速やかに」よりはしばりが弱い意味で用いられます）退去を求めなければ（借地借家法26条2項）、賃料などは同一の条件で更新されます。これらは法定更新と呼ばれます。更新後の期間については、期間の定めのない建物賃貸借契約となります（借地借家法26条1項但書）。ただし通常は、契約書で更新後の期間を定めている場合が多いでしょう。法定更新は、更新を広く認めることにより、賃借人を保護する制度です。

　また建物賃貸借契約では、更新のない定期建物賃貸借の場合を除き（借地借家法38条1項2文）、期間の定めがあっても、1年未満の場合は、期間の定めのないものとみなされます（借地借家法29条1項）。期間を極端に短く設定されることから、賃貸人を保護しているわけですね。

　以上については、契約書で賃借人に不利にすること（例えば、「賃貸人は4か月前の通知で契約を更新しないことができる」など）はできません（借地借家法30条）。

　さらには、更新拒絶についても、単に更新拒絶を通知すれば、賃貸人は賃借人に退去してもらえるわけではありません。更新拒絶には、正当事由が必要です。正当事由があるかどうかは、①賃貸人、賃借人それぞれが建物を必要とする理由、②これまでの経緯、③建物の利用状況・建物の現状、④賃貸人からの立退料の申出の内容を総合的に考慮して判断されます（借地借家法28条）。

　期間の定めのない建物賃貸借については、賃貸人からの解約申入れの後、6か月で終了します（借地借家法27条1項）。ただし期間の定めのある建物賃貸借における法定更新および正当事由にみられる賃借人の保護は、期間の定めのない建物賃貸借でも同様に図られます（借地借家法27条2項、同28条）。これに対して、賃借人からの申入れであれば、その3か月後に終了となります（民法617条1項2号）。またここでも、契約書で賃借人に有利にすること（例えば、

「賃借人からの解約申入れ後、2か月で契約は終了する」など）はできますが、賃借人に不利にすること（例えば、「賃貸人からの解約申入れ後、4か月で契約は終了する」など）はできません（借地借家法30条）。

第 6 章　物に対する権利を考えてみよう

1　物の分類

　民法が扱っている物は、形のあるもの（有体物）です。特許権、著作権などのいわゆる無体財産権は、民法の対象ではありません（85条）。民法には、物を分類する視点として、不動産か動産か、主物か従物か、元物か果実かがあります。

　不動産とは、土地とその定着物をいいます（86条1項）。土地の定着物には、建物のほか、樹木などがあります。わが国の民法の特徴は、土地と建物が別の不動産として扱われることです。登記簿上も、別に記録されます。土地と建物は別の不動産なので、別々に売買できます。また土地付き戸建て住宅を買う場合のように、土地と建物を一緒に買った場合は、2つの不動産を買ったことになります。動産は、不動産以外の有体物を指します（86条2項）。その範囲は非常に広く、商品のように、文字通り頻繁に移動する物だけでなく、機械や家具など、めったに移動することはない物も、動産に含まれます。

　主物と従物については、2個の物が存在し、一方が他方を経済的に補う関係にある場合、補われているほうを主物、補っているほうを従物といいます。例を挙げると、家と障子・ふすまが挙げられます。障子・ふすまは、取り外して運ぶことが容易であり、家の一部ではなく、家とは別の動産です。しかし障子・ふすまがあることで、プライバシーが保たれ、冷暖房効率も上がります。インテリアデザインとしても重要です。このように障子・ふすまは、家の価値を向上させるもので、家を主物とすると、その従物にあたります。主物と従物の関係は、絵画と額縁など、動産どうしにも存在します。従物の要件には、①主物から物として独立していること、②主物に付属していること、③主物の価

値を高める効果があること、④所有者が主物の所有者と同じであることの 4 つ
があります（87条 1 項）。

　主物が処分されると、従物も一緒に処分されます（87条 2 項）。つまり家を
売れば、買主は当然に障子・ふすまも手に入れることとなります。もし売主が
障子・ふすまを自分のものにとどめておきたい場合は、売買契約において、そ
のことを買主との間で合意しなければなりません。

　ここで重要な概念として、従たる権利について説明しましょう。借地上に建
物が建っている場合、土地の所有者と建物の所有者は異なり、両者は借地権設
定者と借地権者の関係にあります。建物の所有者は、自分の所有物としての建
物を自由に売ることができますが、建物を買い受けた人は、借地権を譲り受け
たのでなければ、そもそも土地上に建物を所有できません。そこで一般に、借
地権は建物の従たる権利として、87条 2 項を類推して、建物の譲渡により、借
地権も買受人に移るとされています。ここで類推するとは、要件を満たさない
ために適用はできなくても、似通ったものには、同様の効果を与えようとする
ことです。借地権は物ではないので、従物の要件を満たしませんが、建物が存
在するうえでなくてならない権利で、建物の価値を高めています。そこで、借
地権を建物の従物と同じように扱おうということです。したがって、借地上の
建物を買い受けると、借地権も手に入れることになります。ところで賃貸借の
ところでは、賃借権の譲渡には、賃貸人の承諾が必要になると学びました。そ
うすると買主は借地権を手に入れただけでは、当然に土地上に建物を所有でき
るわけではありません。そこで借地借家法19条 1 項は、借地権者が土地上の建
物を第三者に譲渡しようとする場合、その第三者が賃借権を取得しても借地権
設定者に不利になるおそれがないにもかかわらず、借地権設定者が譲渡を承諾
しないのであれば、借地権者の申立てにより、裁判所が借地権設定者の承諾に
代わる許可を与えることができると定めています。

　元物と果実については、元物から産み出される経済的利益を果実といいます。
元物には、天然果実と法定果実があります。天然果実とは、元物の経済的用法
に伴って収受される果実のことで（88条 1 項）、文字通り果樹を元物とする場

合のフルーツが、天然果実にあたります。牛を元物とした場合、牛乳が天然果実となります。みかんの木を買ってすぐ、みかんが実を付けた場合、みかんは収穫する権利を持つ農家のものになります（89条1項）。

　これに対して法定果実とは、元物を他人に使用させた見返り（対価）として収受される果実を言います（88条2項）。お金を貸した場合の利息、不動産を貸した場合の賃料などが、法定果実となります。法定果実が誰に帰属するかは、日割りで計算されます。1か月900万円の家賃が得られる賃貸マンションが3月10日に譲渡された場合、3月分の家賃の取り分は、売主が300万円、買主が600万円となります（89条2項）。

2 物権と債権

　ここで民法では最も重要な区別といえる物権と債権の違いについて、理解しましょう。

　物権とは、物を直接的・排他的に支配する権利を言います。これに対して、債権は、特定の他者に一定の行為（給付）を請求する権利です。物権が物に対する権利であるのに対し、債権は人に対する権利です。

　直接性とは、他人の存在を必要としないということです。物権の代表的なものに所有権がありますが、「この本はぼくのものだ」と言えば、所有権の主張として十分で、他人は登場していません。しかし債権は、他人の存在があって初めて権利が実現する権利です。売買契約が成立すると、売主に債権としての代金請求権が発生しますが、この権利は、買主という他人がいてはじめて実現します。また買主には、同じく債権としての目的物引渡請求権が発生しますが、この権利は、売主という他人がいてはじめて実現します。

　排他性とは、ひとつの物にある物権が存在する場合、同じ内容の物権は他に存在しえないことをいいます。一物一権主義ともいいます。つまりこの本はぼくのものであり、きみのものでもあるとはならないことです。これに対して、債権については、例えばある歌手が、札幌のテレビに出演する契約を結んだ後、

東京のテレビに出演する契約を結び、出演時間が同じだったとしましょう（ダブル・ブッキング）。歌手のからだはひとつしかないので、先にした契約が有効で、後の契約が無効になるともいえそうです。しかし道徳的には褒められませんが、先にした契約を破棄して後の契約を履行することも可能で、後の契約の履行が絶対にできないとはいえません。なお現在では、はなから履行できない（原始的不能）契約であっても、契約そのものは有効とします。履行の可能性にかかわらず契約を有効とする意義は、履行不能となったときに、債務不履行にもとづく損害賠償（415条）を請求できるところにあります（412条の2第2項）。以上から、札幌のテレビに出演する契約も、東京のテレビに出演する契約も、ともに有効となります。歌手が一方のテレビに出演すれば、他方のテレビには出演できず、履行不能にもとづく損害賠償義務を負います。

3 さまざまな物権

1 所有権

　ところで人が物を支配している場合には、ちゃんとした根拠（権原といいます。字に注意してください）がある場合（店で買ったなど）と、権原がない場合（落とし物として拾った、他人から盗んだなど）があります。権原にもとづく支配に認められる権利を本権、権原とは無関係に事実上支配していることに対して認められる権利を占有権と呼びます。物権の勉強には、多くの用語が登場しますが、少しだけ我慢してください。

　本権の中心は、所有権です。所有権があると、物の使用、収益（他人に貸して賃料を取るなど）、処分（他人に売る、壊す、捨てるなど）が、自由にできます。所有権は、物に対する全面的支配を可能にします。

　所有権の価値には、所有者が自ら物を使用する価値または他人に使用させて収益を得る価値（利用価値）と、所有者が処分してお金に換える価値（交換価値）があります。物の所有権を所有者にとどめたままで、利用価値や交換価値の一部が他者に与えられることがあります。これら与えられた価値を他物権と

呼びます。また他物権は、所有権の行使の一部を制限することになりますので、制限物権とも呼ばれます。

2　用益物権

　民法では、用益物権として、地上権、永小作権、地役権および入会権の4つを規定しています。

　地上権は、他人の土地で工作物や竹木を所有するために、その土地を利用する権利（265条）をいいますが、地上権が地表に設定された場合、地上権者はその部分を利用できるいっぽうで、所有者は利用できなくなります。なお地上権には、設定を受けるために対価が支払われるもの（有償）と支払われないもの（無償）があります。地上権は、地表部分だけでなく、地下鉄やモノレールを通すことなどを目的に、地下または空間の上下の範囲を定めて設定することも可能です（269条の2第1項）。すでに気づいた読者もいるでしょうが、地上権は、土地の賃借権とよく似ています。賃借権の譲渡には、賃貸人の承諾が必要ですが、地上権の譲渡には、土地の所有者の承諾はいりません。所有者が誰に使用させるかをコントロールしやすいことから、賃借権のほうが多く利用されています。ところで賃借権は、債権であるために債権者以外の第三者に対する請求権を持っていません。そのため賃借している土地を第三者が不法占拠している場合、賃借人は第三者に直接出て行けとは言えないとも考えられます。これに対して地上権者は、物権的請求権を行使して、第三者を追い出すことができます。もっとも不動産の賃借権については、登記があれば、すぐ後で述べる第三者に対する妨害排除請求権や返還請求権が認められます（605条の4）。なおすでに学んだ借地権は、建物の所有を目的とする土地の賃借権または地上権をいい、地上権の場合も含んでいます（借地借家法2条1号）。

　地役権は、ある土地（要役地）の便益のため、特定の目的に従って他人の土地（承役地）を利用する権利です。例えば、吉田さんの池から村上さんの水田へ水を引くために池にあたる土地に地役権を設定することが考えられます。注意しておきたいのは、地役権は、要役地という土地の便益のための権利で、人

にかかる権利ではないので、地役権者が要役地を譲渡すると、譲受人が地役権者となります。もし村上さんが山本さんに水田を譲渡すると、山本さんが地役権者となり、村上さんは吉田さんの池を利用できなくなります。

3 担保物権

また民法は、担保物権として、留置権、先取特権、質権および抵当権を規定しています。抵当権は、債権が弁済されないときに、所有者の不動産を競売（けいばい）にかけ、売却した代金から優先的に弁済を受ける権利をいいます。不動産の所有者は、債権者のために抵当権を設定しても、原則として、不動産の使用・収益・処分は自由です。しかし競売のために抵当権者に差し押さえられると、不動産の処分権は、抵当権者に移ります。

④ 物権法定主義

先ほど、物権には排他性があるといいましたが、物権がそれだけ強い権利であれば、権利者が自由に物権を作り出せるとすると、大きな衝突が起きます。そこで物権は、法律に定めたものしか認められないという原則があります（物権法定主義、175条）。しかし物権法定主義を厳格に適用すると、社会のニーズに応えられないおそれがあります。そこで判例は、温泉専用権、根抵当権、譲渡担保権などの慣習上の物権を認めてきました。このうち根抵当権は、現在は民法上の権利となっています。もっとも慣習上の物権を広く認めると、権利が複雑化して争いのもととなります。慣習上の物権を認めるうえでは、誰が権利者か、外から見てわかる手段（公示方法）が確立されていることが、重要になります。不動産にかかる権利の公示方法が、登記です。

⑤ 物権的請求権

物権の直接性の観点からは、物に対する直接な支配を確実なものにするため、

物の支配を奪われた、支配を妨げられたまたは支配を妨げられるおそれが生じたときは、権利者にそれらの侵害の除去や予防を請求できる権利が認められなければなりません。これらの権利は、物権的請求権と呼ばれます。物権的請求権は、民法では占有権についてのみ規定されていますが（197条〜202条）、所有権などの本権にも当然に認められます。

　物権的請求権には、返還請求権、妨害排除請求権および妨害予防請求権の3つがあります。返還請求権の例としては、自動車を奪われた場合に返せという権利、土地を不法に占拠された場合に出て行けという権利が挙げられます。妨害排除請求権の例としては、隣の家の木が自分の敷地に倒れてきたときに除去してくれという権利や、自分の土地の登記が他人の名義となっていた場合に登記の是正を求める権利が挙げられます。妨害予防請求権の例としては、隣の家の木が自分の敷地に倒れてきそうになったときに倒れないような措置を講じてくれという権利が挙げられます。

　これらの侵害や妨害がなされた場合、不法行為にもとづく損害賠償を請求するには、相手方に故意・過失があることが要件となります。台風が原因で、隣の家の木が自分の敷地に倒れてきた場合、隣人に不法行為責任を問うのは困難です。物権的請求権は、故意・過失がなくても請求できることが、大きなメリットです。

6　所有権の取得

　それでは所有権は、どのように取得されるのでしょうか。

　所有権の取得の形態は、大きく分けて、元の所有者から所有権を受け継ぐ承継取得と、自分が最初の所有者になる原始取得になります。

　承継取得に含まれるものとして、売買、贈与、相続があります。原始取得に含まれるものとして、一定期間物の占有を継続することによる時効取得（162条）、海で魚を釣った場合などの無主物先占（239条1項）、落とし物を警察に届けて公告された後、所有者が現れずに3か月経過した場合の遺失物拾得（240

条）、発見後公告しても、所有者が現れずに３か月経過した場合の埋蔵物発見（241条）、そして添付（付合（242条本文、243条）、混和（245条）、加工（246条））があります。

　ここで時効取得を原始取得とするのは、おかしいと感じるかもしれません。承継取得では、目的物に制限物権の負担があった場合、所有権とともに負担も引き継がれます。したがって抵当権付きの土地の売買では、買主は引き続き抵当権の負担を負うことになります。これに対して、抵当権付きの土地を時効取得した場合、抵当権の負担のない土地の所有権が、手に入ります。

　添付のうち、付合の効果は、所有者が異なる複数の物が一緒になったときに、原則として主たる物を所有していた人に、所有権を集約することです。それにより従たる物の所有者は、所有権を失うことになりますが、その分主たる所有者が不当利得を得ることになりますから（703条、704条）、不当利得分の償金を請求できます（248条）。付合についてもう少しみていきますと、他人の土地に勝手に木を植えると、木は土地所有者のものになります。他人の畑を賃借して野菜の種をまいた場合、種は土地の構成部分となって、土地所有者のものとなります（242条本文）。ただし野菜が実った場合は、権原にもとづいて農園を利用する賃借人のものとなります（242条但書）。なお建物は土地に付合しません。

⑦　共　有

　これまでは、単独で物を所有することを前提に話を進めましたが、所有の形態には、ほかに共有があります。

　共有とは、複数の者で１個の物を持ち合うものですが、共有者にはそれぞれ持分があります。共有者は、持分に応じて、共有物の全部を使用することができます（249条１項）。少しイメージしにくいですが、２万円のゲーム機を江川君、池田君、遠藤君の３人で購入し、江川君は１万2000円、池田君は6000円、遠藤君は2000円、それぞれ負担したとしましょう。３人は、それぞれ持分に応じた権利を持っているので（持分は負担額に比例すると考えるのが公平でしょう）、

ゲームで遊べる時間は、江川君5分の3、池田君10分の3、遠藤君10分の1の割合とすべきことになります。

　持分は他人に譲渡できます。池田君がゲームに飽きてしまったので、小松君に売りたくなったときは、3人の間に持分を譲渡できないとの約束がない限り、売ることができます。その結果、持分の割合は、江川君5分の3、小松君10分の3、遠藤君10分の1となります。

持分の譲渡

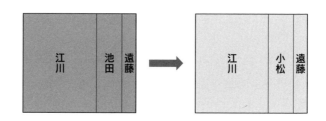

　また持分は、放棄することもできます。先ほどと違い、ゲームに飽きた池田君は、単に共有関係から離脱したいと思ったとしましょう。そうすると池田君の持分は、江川君と遠藤君に分かれて帰属し、江川君と遠藤君の持分が拡大することになります。拡大する幅は、江川君と遠藤君の持分に比例するのが公平です。その結果、持分の割合は、江川君7分の6、遠藤君7分の1となります。

　民法の所有権の章に規定される共有は、共有者が協力してそのままの状態を保つのではなく、それぞれが自分の利益のために分割することを想定しています（256条1項）。共有物が広い土地や、多数の動産であれば、土地の分筆や山分けによる現物分割（258条2項1号）が考えられます。先ほどのゲーム機のように分割できない場合は、江川君、遠藤君の共有としたうえで池田君に償金を払う方法（258条2項2号）が考えられます。

　ところで単独所有であれば、所有者が目的物の使用・収益・処分を自由にできますが、共有の場合は、特有の法律関係に従うことになります。

持分の放棄

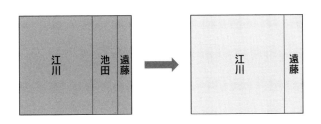

　目的物の現状維持のための修理などの保存行為は、各共有者が単独で実施できます（252条5項）。つまり1人で修理に出せるということです。修理代は、最終的に持分に応じて負担します（253条1項）。共有物の活用・改良などは、管理行為と呼ばれますが、持分の過半数の同意が必要です（252条1項）。先の例では、江川君が持分の過半数を持っていましたから、江川君の一存で、他人にゲームを貸すことができます。売却などの変更行為については、変更の程度が著しいといえない場合を除き、共有者全員の同意が必要です（251条1項）。

8 　占有権

　本章の最後に、占有権について簡単に触れておきます。ここでいう占有とは、自己のために物を支配している状態をいいます（180条）。占有には、所有の意思がある場合に限りません。例えば乗り捨てるつもりで他人のバイクに乗るのも、占有です。なお占有にあたって所有の意思があるかどうかは、最後に学習する取得時効で重要です。所有の意思のある占有を自主占有、所有の意思のない占有を他主占有といいます。泥棒は自主占有者です。賃借人や物を預かった人（受寄者）は、他主占有者になります。自己のためは、広く解釈され、他人のために物を預かっているような場合も、他人との人間関係を維持する目的もあるので、やはり自己のためと解釈され、占有が認められます。結局のところ、

何らかの自分の意思が働いていれば、自己のためといえると考えてください。これに対して、知らないうちに他人がカバンの中に物を入れた場合、自分の意思が働いていないので、占有は認められません。占有があるといえるためには、現に所持している必要はなく、自宅に置いておいた物に対しても、自分の意思で置いたといえますから、占有が認められます。また物の賃貸借では、実際に所持しているのは賃借人ですが、賃貸人もまた賃借人を通じて物を占有していると解釈します（代理占有、181条）。

　本権とは別に占有権を考えるのは、占有はそれ自体保護すべきであるとの発想からです。例えば、甲が乙より自転車を盗み、駐輪場に置いておいたところ、丙に盗まれたような場合、甲は所有者ではありませんが、占有者として丙から自転車を取り戻すことができ、丙は、甲が自転車の所有者でないことを理由に、返還を拒むことはできません。なかなか理解しがたいかもしれませんが、占有者は本権者であることが多いことから、社会秩序を維持するためには、占有者がほんとうに本権者であるかどうかはひとまず脇に置いて、占有そのものを保護しようという発想です。

第7章　この不動産（動産）は誰のもの？

① 不動産売買実務の流れ

　法律の話の前に、不動産売買実務の流れをみていきましょう。売買契約が締結されると、売主に物件を引き渡す義務、買主に代金を支払う義務が発生します。これらの義務は書面を締結しなくても、口頭の合意のみで発生することは、すでにみたとおりですが、不動産業者が仲介する実務では、不動産業者は、契約の成立後遅滞なく、契約内容を記載した書面を当事者に渡さなければなりません（宅地建物取引業法37条）。この書面（37条書面）の交付は、電磁的記録の提供に代えることもできます。37条書面は、後日の争いを防ぐ目的で作成されますが、要は契約書です。もっとも37条書面は、契約の成否、有効性には影響をしません。37条書面には、代金支払い、引渡し、登記手続きを同時に行うことが規定される場合が多いようです。売主、買主とも、相手方が義務を履行してくれないと困るので、できれば相手方が義務を履行した後に、自らの義務を履行したいと思うのが自然です。さらに買主は、代金の支払いや引渡しが終わっても、登記を備える前に、売主が第三者に不動産を譲渡し、その第三者が先に登記を備えてしまえば、不動産を手に入れることができなくなります。この点は、すぐ後で詳しく説明します。それため代金の支払いと引渡しだけでなく、登記も同時に行うようにするのです。土地家屋の売買では、金融機関の一室などに、売主、買主、不動産業者、金融機関、司法書士の5者が集い、代金の支払いにあたる融資を通じた買主から売主の銀行口座への資金の移転、引渡しにあたる鍵の受渡し、売主・買主からの司法書士への登記申請の依頼を同時に行います。この手続きは、業界では決済と呼ばれています。後で出てくる不動産の二重譲渡などの事故事例の多くは、このような円満な処理がなされない場合

に発生するものです。

2　物権変動と対抗要件

1　不動産の場合

　ここで不動産の物権変動で、最も重要な2つの条文をみてみましょう。176条には、「物権の設定及び移転は、当事者の意思表示のみによって、その効力を生ずる。」とあります。また177条には、「不動産に関する物権の得喪及び変更は、不動産登記法（平成16年法律第123号）その他の登記に関する法律の定めるところに従いその登記をしなければ、第三者に対抗することができない。」とあります。177条が意味するところは、甲から乙へ不動産を譲渡した後、甲が丙に同じ不動産を譲渡した（二重譲渡）場合、乙が先に登記を備えないと、乙は丙に不動産の所有権を取得したことを主張（対抗）できないということです。さらに177条は、二重譲渡により丙が所有権を取得する可能性を認め、丙が乙より先に登記を備えると、不動産は丙のものになります。しかしここで大きな矛盾があることに気づきませんか？　176条によれば、登記とは関係なく、売買契約の成立を理由に、不動産の所有権は、売主から買主へと移ります。そうであれば甲と乙の売買契約の成立にもとづいて、不動産の所有権は乙に移っており、もはや甲から丙への所有権の移転は、ありえないことになります。この矛盾を解決するために、従来いくつかの説が唱えられてきましたが、ひとつの有力な説が、登記を備えないうちは、物権変動は不完全で、二重譲渡の余地があり、登記を備えた段階で完全なものとなるというものです。契約による不動産の譲渡では、移転登記の申請は当然になされるべきで、また登記をしないうちは、相手方に確実に所有権を得させる意思が明らかとはいえないことを考えると、この説を支持してよいと思います。甲の乙に対する債務は、丙が先に登記を備えたことにより履行不能となり、甲は乙に生じた損害を賠償しなければなりません。

　なお現在では、何によって物権変動が生じるかという問題と、どのタイミン

グで物権変動が生じるかという問題は、分けて考えるのが一般的です。前者の答えは、176条に示されていますが、判例は、後者についても、176条を根拠に、売買契約締結の時点で、不動産の所有権は売主から買主へ移転するとしています（最判昭33.6.20民集12巻10号1585頁）。これに対しては、代金支払いも引渡しもしていないのに、所有権が移転するのはおかしくないか、代金支払い、引渡し、登記の移転のいずれかをもって所有権を移転する意思表示があったとみるわけではないかとの批判が寄せられています。ただしここでも重要なことは、所有権の移転はあくまで意思表示によるのであり、代金支払い、引渡し、登記の移転という事実にもとづいて生じるのではないことに、注意してください。

不動産の二重譲渡

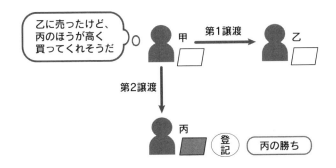

以下では、しばらく117条をみていきます。復習になりますが、物権は排他的に物を支配する強い権利ですから、不動産について自らが所有者であると主張する者は、対外的に公示手段としての登記を備えるべきことになります。先の二重譲渡の事例で、登記を備えなかった乙（第一譲受人）が、登記を備えた丙（第二譲受人）に所有権をめぐる争いで負けたことの背後には、登記を備えることを怠った第一譲受人は、所有権を得られなくてもしかたないという価値判断があります。

ところで、先ほど不動産の物権変動は、登記なければ第三者に対抗できない

と言いましたが、第三者がどのような人であっても、登記なければ対抗できないのでしょうか。甲から乙、甲から丙へ不動産の二重譲渡の例で、第二譲受人である丙が、自分より先に乙が譲渡を受けていたことを知っていた（悪意）場合も、丙は乙に勝つのでしょうか。一般的な価値判断として、自由競争のもとでは、より有利な条件を提示した者が勝ち、また登記促進のためには、第三者は広くとらえるべきとする考え方があります。この価値判断のもとでは、第一譲受人が存在することをただ知っていただけの第二譲受人は、第一譲受人よりも先に登記を備えれば、所有権を取得できることになります。

　しかしいくら自由競争といっても、やはり限度があります。そこで第三者があまりにひどい存在であれば、登記なしに権利を主張することを認めてもよさそうです。

　第1に、詐欺（だます）、強迫（おどす）によって登記の申請を妨げた人（不動産登記法5条1項）や、他人のために登記を申請する義務を負う人（司法書士）に対しては（同5条2項）、登記がなくても権利を主張できます。

　第2に、不動産の不法占拠者に対しても、登記がなくても権利を主張できます。

　第3に、すでに譲渡があったことを知った後に、第一譲受人に高く売りつけるために、売主に働きかけて自分に売ってもらい、登記を備えたような背信的悪意者に対しては、もはや保護に値せず、登記なしに対抗できるとされています（最判昭43.8.2民集22巻8号1571頁など）。

2　動産の場合

　これまで不動産の二重譲渡をみてきましたが、動産についても、二重譲渡が考えられます。動産の物権変動の対抗要件を示した178条は、「動産に関する物権の譲渡は、その動産の引渡しがなければ、第三者に対抗できない。」と規定しています。

動産の二重譲渡

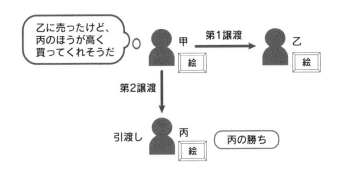

3 不動産登記簿

　登記簿が土地と建物で別個に作成されることは、すでに述べたとおりですが、登記簿は、物件の内容がわかる表題部と、権利の状況がわかる権利部よりなっています。表題部のうち、土地については、どこにあるか（所在・地番）、宅地などどのような種類か（地目）、面積（地積）、ひとつの土地を複数に分割する分筆や複数の土地をひとつに統合する合筆などの登記の原因が記載されます。権利部は、所有権に関する甲区と、所有権以外に関する乙区より構成されています。甲区には、所有権移転などの登記の目的、申請受付年月日、過去および現在の権利者の氏名・住所、売買などの所有権移転の原因が書かれます。乙区には、地上権設定や抵当権設定などの登記の目的が書かれます。表題部のうち、建物については、どこにあるか（所在・家屋番号）、居宅などの種類、木造瓦葺き2階建てなどの構造、床面積が記載されます。建物にかかる権利部の記載内容は、土地の場合と同様です。

　登記は、売主のように不動産上の権利を失う人（登記義務者）と買主のように不動産上の権利を得る人（登記権利者）の共同申請によりなされるのが原則です（不動産登記法60条）。共同申請を求める理由は、登記権利者だけで申請で

きるとすると、権利者が権利を譲渡した覚えがないのに、権利を奪われる危険があるからです。登記所では、共同申請を行った（多くは司法書士に共同で依頼した）人が本人であるかどうかの確認が行われます。本人確認方法の特徴的なものとして、登記義務者による登記識別情報の提供（不動産登記法22条）があります。登記識別情報とは、登記を完了した際に登記所からもらえる（不動産登記法21条）12けたのパスワードで、本人のみに伝えられます。共同申請にあたって登記義務者が登記識別情報を伝えると、登記識別情報は登記義務者しか知らないのだから、本人に間違いないなと判断されるわけです。したがって登記識別情報は、人に知られないよう、厳重に管理する必要があります。さらに登記の原因が存在するかを証明する情報（登記原因証明情報）の提出も求められます（不動産登記法61条）。登記原因証明情報の典型的なものは、契約書になりますが、実務では、契約書そのものでなく、当事者、目的となった不動産、契約年月日、契約の原因となる契約締結の内容などを要約した情報が提供されることが多いです。ただし登記官は、申請情報が登記原因証明情報と合っているかの審査はしても、登記原因証明情報どおりの物権変動が実際に存在したかの審査は行いません（形式的審査主義）。したがって実体と異なる登記がなされ、無権利者が権利者として記載される可能性は、ゼロではありません。

4 無権利者からの譲受け

1 不動産の場合

登記の形式的審査主義からは、無権利者からの譲受人を保護すべきかどうかという問題が発生します。次の事例を考えてみましょう。

事例12

甲は乙に土地を売却し、登記名義を甲から乙に移転した。実はその土地は丙の所有で、丙が知らないうちに、甲が勝手に自分の名義で登記したものであった。丙は乙に対し、土地は自分のものであるとして取り戻すことができるだろうか。

　物権法を勉強する際に押さえておくべきことのひとつに、公示の原則と公信の原則の区別があります。公示の原則とは、権利があっても、公示がなければ、第三者は権利が存在しないものとして扱うことができるという考え方をいいます。これに対して公信の原則とは、権利がなくても、公示があれば、第三者は権利が存在するものと扱うことができるという考え方をいいます。177条は、不動産の物権変動に公示の原則が適用されることを示したものです。それでは、事例12の場合、公信の原則が適用されて、乙が土地を取得できる結果、丙は土地を取り戻せないのでしょうか。不動産の物権変動には、公信の原則は適用されず、丙はなおも宅地の所有者であるというのが、答えです。不動産の物権変動に公信の原則が適用されない理由には、以下のことが考えられます。第1に、一般に不動産は価値が高いため、権利者を保護する必要性が大きいことです。第2に、不動産は動産のように頻繁に取引されるものではないので、第三者に慎重に権利関係を調査することを求めてよいことです。第3に、先ほど述べたように、登記は形式審査主義を採用しており、無権者による登記が、完全には避けられないことです。

2　動産の場合

　動産の物権変動においては、現に動産を所持している人が、引渡しを受けた所有者であると考えるのが自然です。

　ところが引渡しには、現実の引渡し（182条1項）のほか、簡易の引渡し（182条2項）、占有改定（183条）、指図による占有移転（184条）も含まれます。

　簡易の引渡しとは、友人に貸していた本を友人が気に入ったので、そのまま友人にあげることにしたような場合です。物は友人のもとから移動していませんが、わざわざ引き取って改めて手渡す意味がないので、引渡しとするものです。

　占有改定は、他人に物を売った場合に、置く場所がないなどの理由で、そのまま物を売主のもとにとどめておくような場合です。ここでも物の移動はありませんが、やはり引渡しを認めるべきです。

指図による占有移転は、友人に本を貸していたところ、本が不要となったので、友人とは別の他人に売り、今後はその買い受けた人のために本を持っておくよう友人に指示し、友人も承諾したような場合などです。ここでも物は友人のもとにとどまっていますが、引渡しとするものです。

このように引渡しといっても、必ずしも物の移動を伴うものではなく、物を所持していても、所有者なのかどうか、外部からはわかりません。民法は、占有の公示力が心もとないなら、動産については、いっそのこと権利がなくても、占有していれば、第三者は占有者が権利を持っていると扱ってよいとする公信の原則を採用することとしました。このようにいっても、抽象的でわかりにくいですから、次の事例を押さえてください。

事例13

甲は乙に絵を売却し、乙に引き渡した。実はその絵は丙の所有で、甲が自分のものと偽っていたのだった。絵が甲のものでないと信じたことにつき乙に過失がない場合、丙は乙に対し、絵は自分のものであるとして取り戻すことができるだろうか。

事例13では、丙は絵を取り戻せないというのが、答えです。動産の物権変動に公信の原則が適用される理由には、以下のことが考えられます。不動産取引に公信の原則が認められない理由と比べつつ、理解してください。第1に、動産は不動産よりも一般的に価値が低いため、権利者を保護する必要性は、不動産よりも小さいといえます。第2に、動産は頻繁に取引されるものが多いため、第三者に短時間のうちに権利関係を調査させるのは、気の毒です。不動産を買う場合は、買主が売主に対して、「あなたが権利者かどうか、証明できるものを見せてください」と求めることは、買主として当然の権利といえるでしょう。これに対して友人が「ぼくの本をあげる」と言ったときに、「これ本当に君の本なの」と疑ったら、人間関係がおかしくなってしまいます。

事例13のように、無権利者からの譲受人が所有権を取得することを即時取得といいます。即時取得について、192条は、「取引行為によって、平穏に、かつ、

公然と動産の占有を始めた者は、善意であり、かつ、過失がないときは、即時にその動産について行使する権利を取得する」と規定しています。この規定からは、即時取得の要件は、次の5つに分解できます。

第1に、目的物が動産であることです。

第2に、取引行為（売買、贈与など）であることです。所有権の移転は、相続によっても発生しますが、相続は取引行為でないので、即時取得は認められません。

第3に、譲渡人が無権利者であることです。

第4に、譲受けが平穏かつ公然であることです。わかりにくいですが、要は脅し取ったり盗んだりしたものではない一般的な取引により取得したものと押さえておけばいいでしょう。また譲受けがあったことが、外からもわかる必要があります。そのため、占有改定による引渡しでは、即時取得は認められません（最判昭35.2.11民集14巻2号168頁）。

第5に、譲渡人が無権利者であることについて、譲受人が善意無過失であることです。

裁判では、権利を主張する側が要件をすべて主張し、証明するのが原則です。そうするとこれだけ多くの要件がある以上、即時取得はそう簡単には認められないように思われます。しかし186条1項には、「占有者は、所有の意思をもって、善意で、平穏に、かつ、公然と占有するものと推定する。」とあります。このように「推定する」と規定されると、権利を否定したい側に証明する責任が移ります。事例13でいえば、この規定により、平穏かつ公然に譲り受けたことおよび甲が所有者でないことを知らなかったこと（善意）を乙が証明する義務はなく、丙のほうで、乙が平穏でないかもしくは公然でないか、または甲が所有者でないことを乙が知っていたこと（悪意）を証明しなければなりません。また188条には、「占有者が占有物について行使する権利は、適法に有するものと推定する。」とあります。この規定は、甲が所有者でないことを知らなかったことにつき、自分に過失がなかったことを乙が証明するのではなく、乙に過失があったことを丙に証明させるものです。難しい説明が続いてしまいました

が、裁判で乙が即時取得の判断を勝ち取ることは、思ったよりもずっと簡単な
のです。

　即時取得が成立すると、元の所有者は所有権を失います。それではあまりに
気の毒なので、盗品と遺失物については、元の所有者に一定の返還の余地が認
められています（193条、194条）。

第8章　抵当権について学ぼう

1　担保の必要性

　銀行が金利4％で1000万円の貸付けを行ったところ、融資先がたちまち倒産したとしましょう。1000万円の貸倒損失が発生した場合、同じ金利で他の融資先に貸付を行い、1年で取り返そうとすると、どれだけの貸し付けを行う必要があるでしょうか。答えは、1000万円÷0.04＝2億5000万円となります。4％の金利ですら、貸倒れ分を取り返すにはこれだけの貸付けが必要になりますから、歴史的な低金利が続く現在では、貸倒れが金融機関に与える衝撃は、さらに大きいものとなります。それだけ貸したお金が返ってこない、売った代金が支払われないということは、企業にとって深刻なことなのです。そうすると貸付金や売掛金を確実に回収する手段が必要になります。ひとつの方法として、審査を厳しくすることが考えられます。しかしあまり厳しくすると、収益の機会を失うおそれがあります。また貸し付けた時点では信用状態が良好でも、その後悪化するかもしれません。2つめに、金利を高くする方法があります。先の例で、もし金利を5％に引き上げると、1000万円÷0.05＝2億円となって、貸倒れをカバーするのに必要な貸付額は、大きく減少します。しかし、利息制限法という法律により、金利の上限が決められています。また経済学の研究では、金利を上げると、かえって良くない借手が集まることになり、貸倒れの危険は、むしろ高まるとされています。3つめに、担保の提供を受けることが考えられます。これまで学んだ保証契約は、人的担保と呼ばれます。本章では、債務不履行を起こした際に、特定の不動産から優先的に弁済を確保する手段である抵当権をみていきます。抵当権は、物的担保と呼ばれます。

2 抵当権の設定

　みなさんが将来マイホームを買うとき、購入価格分のお金を貯めて一括現金で買うことは、まずありません。それだけのお金が貯まるのは、ずっと先のことになりますし、その間賃貸物件に住めば、家賃の支払いが続きます。そこで多く採られるのが、住宅ローンを借り、そのお金で購入代金を支払って、月々ローンを返済するという方法です。これを金融機関の側からみると、比較的低めの金利で、長期にわたって貸付けをすることになります。その間には、債務者の給料の低下、失業など、回収が困難になる場合を想定しなければなりません。そうすると、先ほどみた債権回収の確実性を高める（保全する）方法が、検討されなければなりません。そこで一番よくとられるのが、債務者が購入した土地・建物について、債務者から抵当権の設定を受けて抵当権者となり、ローンの返済が滞った場合にこれらを競売にかけて売却代金から返済を受ける（抵当権を実行する）方法です。ここでは、債権者＝抵当権者、債務者＝抵当権設定者＝抵当不動産所有者の関係が存在します。抵当権は、抵当権設定者の所有する不動産に関する物権ですから、登記（権利部（乙区））が対抗要件となります。

　前の例では、債務者が自分の所有する不動産に抵当権を設定しましたが、債務者以外の第三者が、自分の所有する不動産に抵当権を設定することもあります。債権者＝抵当権者、債務者≠抵当権設定者＝抵当不動産所有者ということです。他人の債務に対して担保を提供する人は、物上保証人と呼ばれます。ここで注意したいのは、抵当権を設定できるのは、あくまで自分の所有する不動産に限られるということです。特に創業したての会社が、金融機関からお金を借りる場合、会社はほとんど資産を持っていないので、経営者に会社の債務を保証してもらうことが多いです。債権をより確実に回収するためには、社長による保証に代えて、あるいは社長による保証に加えて、社長が所有する不動産につき、抵当権の設定を受けることがあります。物上保証人は、債務者に代わ

って債務を弁済することができます。その場合や抵当権の実行によって抵当不動産の所有権を失った場合は、債務者に求償できます（372条、351条）。

住宅ローンと抵当権設定

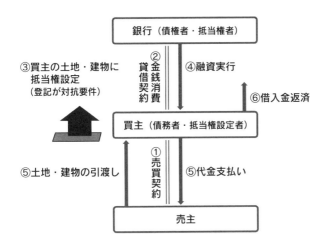

事業資金融資と抵当権設定

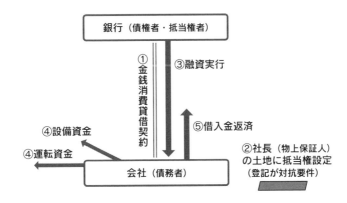

　ここで保証と抵当権の比較をしてみましょう。担保される債権（被担保債権）の金額からみると、一般的に、保証は少額融資中心、抵当権は多額融資中心といえるでしょう。手続きは、保証は債権者と債務者の間の書面による契約で済むのに対し、抵当権は対抗要件としての登記手続きをすることとなり、手間がかかります。債権保全の確実性で言えば、保証は保証人の信用状態が悪化するおそれがあるのに対し、抵当権は、バブル崩壊等の特殊な時期を除けば、安定した担保といえそうです。担保を提供した人の負担の点では、保証は保証人に過酷な負担を強いることがあるのに対し、抵当権設定者が責任を負う範囲は、抵当不動産のみにとどまります。

③ 抵当権の機能

1 抵当権の優先弁済効

　債権者代位権のところで簡単に触れましたが、ここで改めて債権者平等原則を確認し、そのうえで抵当権の優先弁済について、みていきましょう。

> **事例14**
>
> 　甲は乙に対して、1000万円の貸金債権を有している。乙は、唯一の財産として、1000万円の土地を所有している。丙は800万円、丁は700万円の売掛債権をそれぞれ乙に対して有している。乙からの返済が滞ったため、甲は乙の土地について強制執行にもとづく競売を申し立てた。甲、丙、丁は、土地からいくら回収できるだろうか。

　甲は、1000万円×｜1000万円÷（1000万円＋800万円＋700万円）｜＝400万円回収し、600万円の貸倒れが生じます。丙は、1000万円×｜800万円÷（1000万円＋800万円＋700万円）｜＝320万円回収し、480万円の貸倒れとなります。丁は、1000万円×｜700万円÷（1000万円＋800万円＋700万円）｜＝280万円回収し、420円の貸倒れとなります。

　今度は、甲が乙の土地に抵当権の設定を受けた場合をみていきましょう。抵

当権の強力な優先弁済効を実感してください。

> 甲は乙に対して、1000万円の貸金債権を有している。乙は、唯一の財産として、1000万円の土地を所有している。丙は800万円、丁は700万円の売掛債権をそれぞれ乙に対して有している。乙は甲に対する債務について、土地に抵当権を設定している。乙からの返済が滞ったため、甲は乙の土地について抵当権にもとづく競売を申し立てた。甲、丙、丁は、土地からいくら回収できるだろうか。

　甲は、土地から1000万円全額の弁済を受け（369条1項）、貸倒れはありません。これに対して、丙、丁とも、甲の回収の結果、全額貸倒れとなります。

　ここでいくつか抵当権の特徴を押さえておきましょう。

　第1に、抵当権では、目的物の占有は、所有者のもとにとどまります（369条1項）。金融機関が押さえておきたいのは、不動産を利用する価値ではなく、お金に換えたらいくらになるかという交換価値です。

　第2に、抵当権設定者は、抵当不動産を自ら使用するだけでなく、第三者に賃貸することも、第三者に売却することもできます。後で学びますが、抵当不動産を第三者に賃貸すると、不動産の交換価値は下がりますが、賃貸借が抵当権設定後に開始した場合は、抵当権の実行により、賃借人に退去してもらうことができます。また抵当権が付いたまま不動産を第三者に譲渡すると、抵当権の実行により、第三者は不動産の所有権を失います。そうなっては困るので、債務者が債務を弁済し、抵当権が消滅（抵当権も担保であるので、被担保債権が消滅すると、消滅します）しないうちは、なかなか買い手がつきません。もっともマンションの住み替えに伴う売却などでは、マンションを買主に売却して得られるお金で債務を弁済し、抵当権を消滅させる方法がよくとられます。

　第3に、抵当不動産を壊したり、競売を妨げたりする目的で第三者に賃貸することにより、交換価値が侵害される場合、抵当権者は、物権的請求権としての妨害排除請求権、妨害予防請求権を行使できます。またこれらの行為の結果、貸倒れが発生した場合は、損害賠償を請求できます。

　ところで同じ不動産について抵当権の設定を受けられる債権者は、ひとりに限られません。ただし抵当権の登記の前後により、優先弁済を受ける範囲が異なります（373条）。次の事例をみましょう。

> **事例16**
>
> 　甲は乙に対して、1000万円の貸金債権を有している。乙は、唯一の財産として、1500万円の土地を所有している。丙は800万円、丁は700万円の売掛債権をそれぞれ乙に対して有している。乙は甲に対する債務について、土地に一番抵当権を設定している。また丙に対する債務について、土地に二番抵当権を設定している。乙からの返済が滞ったため、甲は乙の土地について抵当権にもとづく競売を申し立てた。甲、丙、丁は、土地からいくら回収できるだろうか。

　まず甲が、土地から1000万円全額の弁済を受け、貸倒れはありません。次いで、乙が、甲が回収した残りの500円から回収することになりますが、300万円の貸倒れが発生します。丁は、全額貸倒れとなります。抵当権の登記にあたっては、債権額と利息・遅延損害金が記録されます。債権者となろうとする者が、すでに抵当権が設定された不動産から回収することを検討する場合、不動産の価格と先順位抵当権の被担保債権額（および利息・遅延損害金）を比較して、回収できる余地（担保余力）があるかを確認します。ここで利息は債権の弁済期までに発生するのに対し、遅延損害金は弁済期以後に発生することを覚えておきましょう。なお抵当権者が抵当不動産から回収できるのは、利息・遅延損害金を通算して最後の2年分に限られます（375条）。抵当権者の独り占めに歯止めをかけているわけですね。

2　抵当権の及ぶ範囲

　抵当不動産を競売にかける場合、抵当権が及ぶ範囲として、370条本文は、「抵当権は、抵当地の上に存する建物を除き、その目的である不動産（以下「抵当不動産」という。）に付加して一体となっている物に及ぶ。」と規定しています。つまり抵当不動産そのもののほかからも回収できる余地があるということです。

この付加一体物には、どのようなものが含まれるでしょうか。物としての独立性を失って不動産の構成部分となった付合物（土地の植栽や建物の増築部分・エレベーターなど）は、当然に付加一体物とみてよいでしょう。それでは従物（庭園における石灯篭など）はどうでしょうか。従物は、物理的に主物である抵当不動産から独立しています。しかし従物には、主物の価値を高める経済的一体性が認められるので、通説は、従物が付加一体物に含まれるとしています。ここで借地上の建物を第三者に譲渡すると、従たる権利として、借地権もまた譲受人に譲渡されると述べたことを思い出してください。借地上の建物に抵当権が設定されている場合、借地権は建物の従たる権利であり、借地上の建物に設定された抵当権の効力は、借地権に及ぶことから、建物が競売されると、借地権は建物買受人に移転します。このことは、後で法定地上権を学ぶうえでたいへん重要です。

　さらに抵当権の及ぶ範囲に関して重要なのが、物上代位です。物上代位を定めた304条を準用する372条で読み替えると、「抵当権は、その目的物の売却、賃貸、滅失又は損傷によって債務者が受けるべき金銭その他の物に対しても、行使することができる。ただし、抵当権者は、その払渡し又は引渡しの前に差押えをしなければならない。」となります。抵当不動産の売却代金（ただし第

賃料に対する物上代位

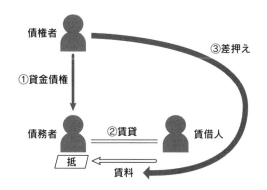

三者に譲渡後も抵当不動産を実行できるので、あまり実益はありません）のほか、抵当不動産が焼失した場合に保険会社から支払われる保険金が、物上代位の対象になります。担保不動産を第三者に賃貸した場合に得られる賃料については、かつては不動産の価値が変化したものといえるか疑問視されていましたが、現在では含まれることに異論はありません（371条参照）。

　物上代位で重要となるのは、金銭などの差押えの意義です。これについては、債務者に払い込まれる前に差し押さえることにより、他の債務者の財産に混入することを防ぐこと（特定性の保持）、保険会社や賃借人が誤って抵当権設定者に支払う二重払いの危険を防ぐことが、特に重要であると考えられています。

4　抵当権と抵当不動産の賃借人

　先ほど、抵当権設定後に第三者に賃貸した抵当不動産については、抵当権の実行により、賃借人に退去してもらうことができると述べました。これに対して、第三者への賃貸が、抵当権設定前であれば、抵当権実行後も、対抗力のある賃借人は、使用を継続することができます。

　住宅ローンを組んでマンションを買った後に、会社の異動命令などにより転居することとなった場合、他人に賃貸して得られる賃料によって、ローンの返済を図ることが多いです。仮にローンを返済できなくなり、金融機関が抵当権を実行すると、賃借人は退去しなければならないことになります。しかしこのことを貫くと、賃借人は怖くなって、抵当権付きの住居を借りにくくなり、所有者にとっても、賃貸による返済資金の調達が困難になります。そこでかつての制度のもとでは、抵当権設定後の建物の賃貸借については、抵当権実行後も3年間存続しました。しかしこの制度を悪用し、抵当権の実行を妨害する目的で、第三者に不動産を占有させる事例が相次ぎました。そこで現在の制度では、建物賃貸借は抵当権実行により消滅するものの、6か月間は買受人に明け渡すことが猶予されることとなっています（明渡猶予制度、395条1項）。その間に新しい物件を見つけなさいということですね。猶予されている間は、賃料相当分

のお金を買受人に支払うことになります。

5 法定地上権

　賃貸借の章では、借地権終了後に地上建物を取り壊すのがもったいないので、借地権者に建物買取請求権が認められることを勉強しました。戸建て住宅を所有する人が、お金を借りるにあたって土地または建物のいずれかに抵当権を設定し、その後債権者が抵当権を実行したとします。そうすると土地の所有者と建物の所有者は、異なることになります。すでに学んだように、もし建物の所有者が借地権の設定を受けていれば、土地または建物が競売にかけられても、建物は存続します。しかし土地と建物の所有者が同じである場合は、自分の土地に借地権を設定することはできません（179条1項、520条）。そうすると、抵当権の実行により土地の所有者と建物の所有者が異なることになれば、土地所有者の求めがあれば、建物を撤去しなければならないのでしょうか。そこでこのような場合に建物を存続させる制度が、法定地上権です。一般に商業地では、地上建物のない更地の価値が1億円とすると、借地権の価値は8000万円から9000万円程度になるといわれています。商業地であれば、借地権を保有することにより、高いビルを建てることができ、多額の地代収入も見込めるため、商業地の借地権の価値は、住宅地のそれより高くなっています。更地の価値は、借地権の価値と、地上建物により使用に制約を受けた底地の価値からなります。土地のみに抵当権の設定を受けた抵当権者は、更地ではなく底地として、土地の交換価値をとらえているはずです。ところが抵当権の実行により、建物を撤去しなければならないとすると、抵当権者が把握する交換価値は、更地のものへと大きく跳ね上がってしまいます。そうすると抵当権者をあまりに優遇することになって、不公平です。抵当権の実行後も引き続き建物が存在しても、抵当権者は底地の価値しか把握していないので、法定地上権を認めて建物を存続させても、抵当権者の不利にはなりません。これまでの話が難しいと感じた人は、とりあえず次に掲げる法定地上権の成立要件を押さえておけば十分です。

　法定地上権の成立要件は、①抵当権設定時に土地の上に建物があること、②抵当権設定時に土地の所有者と建物の所有者が同じであること、③抵当権実行の後、土地の所有者と土地の所有者が別となったことです（388条）。①については、抵当権設定後に建物が建てられた場合、抵当権設定時に土地は更地で評価されています。ところが法定地上権を認めると、担保価値は大幅に低下し、抵当権者に不測の損害をもたらすことになります。②については、土地の所有者と建物の所有者が別であれば、借地権が設定されていますから、法定地上権を認める必要はありません。

　このように更地に抵当権を設定した後に、土地所有者が地上建物を建てた場合は、法定地上権は成立しませんが、土地と建物を一括して競売し、土地と建物を同じ人が所有することができれば、建物の存続は可能になります。さらに更地に抵当権を設定した後に、他人が地上建物を建てた場合も、土地と建物を一括して競売することができれば、建物の存続が図れます。そこで誰が建物を建てたかを問わず、更地に抵当権を設定した後に建物が建てられた場合は、抵当権者は、土地と建物を一括して競売にかけることができます。ただし抵当権者が優先弁済を受けるのは、土地の売却代金からのみです（389条1項）。

第 9 章　人と意思表示

1　人

1　権利能力

　本章以降は、普通は民法の最初に学ぶ民法総則の内容を学びます。これまでは、人は当然に権利を持ち、義務を負うことを前提にしてきました。まずはそこのところをもう少し詳しくみていきましょう。

　権利を得たり義務を負ったりすることができる主体であることを指して、民法では、権利能力があるといいます。民法が権利能力を認めているのは、人（自然人）か法人のみです。法人というのは、法律が特に権利能力を認めた存在です。法人には、会社や社団・財団法人などがあります。法律がなければ、人でなければ、権利や義務の主体とはならないのです。以下は人について、みていきます。

　人は出生によって、権利能力を持ちます（3条1項）。つまり生まれたばかりの赤ちゃんでも、財産を所有することができます。赤ちゃんが出生祝いをもらった場合、実際には親が親権の行使として、そのお金を銀行に預けるなどしますが（824条）、赤ちゃんのお金であることは変わりません。赤ちゃんは、母体から完全に露出した段階で、権利能力を持つといわれています。人であれば、誰にも権利能力があります。これに対して法人の場合は、株式会社でいえば、発起人などが出資して会社の財産が形成され、会社の運営ルールとしての定款が作成され、会社を運営する取締役などが選任されるというように、次第に実体が形成されます。そうすると、どの段階で権利能力を持たせるべきかが問題になります。会社法49条は、会社は設立登記によって権利能力が与えられると、一義的に定めています。

　ところで人の生命は、出生によってゼロから始まるわけではなく、その前に胎児の段階があります。例えば、父親が死亡して相続が発生する場合、胎児が高い確率で生まれてくることを考えると、出生が相続開始の直後であっても相続できないとするのは、気の毒に思えます。胎児にも一定の権利を認めるべきでしょう。父が死亡した時点で、母と子ひとりのほか胎児がいた場合、胎児に権利能力を認めなければ、法定相続分は、母が2分の1、子が2分の1となります。これに対して、胎児に権利能力を認めれば、母が2分の1、子が4分の1、胎児が4分の1となります。民法は、生まれてくることを条件に、胎児に損害賠償を請求すること（721条）、相続人となること（886条1項）および遺贈（遺言（いごん）で胎児を受贈者とすること）を受けること（965条、886条）を認めています。死産の場合は、これらの権利はなかったことになります。胎児に損害賠償請求が認められるというのは、少しわかりにくいですが、例えば胎児のうちに母が交通事故に遭った結果、生まれた子が障がいを負った場合、法定代理人である親が、胎児の権利を代理して損害賠償を請求します。法定代理については、すぐ後で説明しますが、代理をするうえでは、その前提として、本人である胎児に損害賠償請求権が認められる必要があるのです。

　人は、死亡によって権利能力を失います。死亡すると、相続が開始します（882条）。これに対して法人は、解散により権利能力を失います。

　それでは人が生死不明の場合、どう扱うべきでしょうか。夫が何年も音信不通になった場合、妻は生活の糧を得る必要があっても、死亡が判明して相続が発生しない限り、夫の財産を他人に賃貸したり、売却したりすることができないのでしょうか。また他の男性と再婚することはできないのでしょうか。妻の請求により家庭裁判所が失踪宣告をすれば、相続が開始され、妻は夫の財産の収益・処分が可能となり、婚姻が解消され、他の男性との婚姻が可能となります。7年間生死が不明なことを理由に失踪宣告が認められると、7年経過時に死亡とみなされます（普通失踪、30条1項、31条）。また戦地に臨んだ人、沈没した船に乗っていた人については、危難が去った（戦争が終結した、船が沈没した）後1年間生死が不明なことを理由に失踪宣告が認められると、その危難が

去ったときに死亡とみなされます（特別失踪、30条2項、31条）。

　失踪宣告を受けたが実は生きていた場合、本人などの請求により、家庭裁判所が失踪宣告を取り消します（32条1項1文）。そうすると相続開始や婚姻解消がなかったことになり、法律関係が混乱します。そこで民法は、失踪宣告によって財産を得た人は、取得した財産の全部ではなく、現存利益の範囲で返せばいいとしました（32条2項）。現存利益については、不当利得のところで学びましたので、この際に読み返してみてください。失踪宣告によって相続した土地は、そのまま返すことになりますが、土地を売却して得たお金をギャンブルで使い果たしたなどの場合（その分現存利益がなくなった）は、残金を返すことになります（32条2項但書）。

2　意思能力、行為能力

　これまで何度も、契約の拘束力について触れてきましたが、改めてどうして契約は守らなければならないのか考えてみましょう。売買契約では、売主は目的物引渡義務を、買主は代金支払義務を、それぞれ負うことになりますが、あくまでそれは当事者が自分の意思で「買います」「売ります」と言って契約したのだから、当事者は約束を守らなければならないのです。そうすると自己の行為がどのような結果をもたらすかを認識して判断（事理弁識）できるだけの能力（意思能力）がない人の意思表示は、無効とすべきことになります（3条の2）。意思能力のない人の例としては、幼児、重度の認知症患者、泥酔状態の人などが挙げられます。

　しかし意思表示をした人（表意者）を保護するために、行為の当時に意思能力が欠けていたことを証明するのは、たいへん困難です。また取引の相手方が、本人に意思能力があると思って取引したのに、後で意思能力がないことが証明され、取引が無効となれば、相手方に気の毒です。そこで民法は、未成年者と判断能力が不十分な成年をパターン化し、制限行為能力者として、単独で有効な行為をする能力（行為能力）を制限することにしました。一例を挙げると、未成年者が結んだ契約は、たとえ18歳未満の未成年者（4条）に意思能力があ

っても（しっかりした未成年者であっても）、法定代理人の同意がなければ、未成年者というだけで取消しが可能です（5条2項）。

3　制限行為能力者

（1）　概　要

　民法が定めた制限行為能力者は、未成年者、成年被後見人、被保佐人および被補助人の4つです。制限行為能力者には、保護者を付けて、意思能力の不足を補うことになります。成年被後見人、被保佐人および被補助人とその保護者については、登記により公示されます（後見登記等に関する法律）。しかしプライバシー保護の観点から、制限行為能力者の登記は、不動産登記のように容易に見られるものではなく、制限行為能力者でないことを要件とする役職者への就任に際しては、本人側から、登記されてないことの登記事項証明書（同10条）を提出させる場合が多いようです。

　制限行為能力者を保護する方法には、3つあります。ひとつめは、法定代理人による代理です。法定代理人は、本人に代わって意思表示をします。代理については、改めて学習しますが、代理人が意思表示をすると、本人に直接効果が発生します。親が未成年の子を代理してこの土地を売却する契約を結ぶと、子に売却代金を受領する権利と土地を引き渡す義務が発生します。実際には、代金の受領や土地の引渡しについても、親が子を代理して行います。2つめは、「……してもいいよ」という同意です。3つめは、本人、法定代理人らによる（120条1項）取消しです。取り消された行為は、初めから無効であったものとみなされます（121条）。この意味は、本人の意思表示は、取り消されるまでは有効だが、取り消されると最初から無効になるということです。ただし、制限行為者が自らを制限行為者でないとうそをついた場合（未成年者が申込書に成年者の年齢を書いた場合など）は、取消しは認められません（21条）。本来無効な契約にもとづいて給付を受けた場合（取消しにより契約が無効となった場合を含みます）、原状回復義務が発生しますが（121条の2第1項）、制限行為能力を理由に契約が取り消された場合は、返還の範囲は現存利益にとどまります（121

条の2第3項）。

（2）　未成年者

それでは、制限行為能力者の保護を個別にみていきましょう。

未成年者は、親権者である父母（818条1項）が法定代理人となります（824条）。未成年者が取引をするときは、法定代理人の同意を得る必要があり（5条1項本文）、同意を得ずに未成年者がした行為は、取り消すことができます（5条2項）。父母がともに不在か管理権を持たない場合（835条）は、未成年後見人が法定代理人となります（838条1号）。法定代理人は、これらの取消権、同意権のほか、追認権（124条2項1号）および財産管理権（824条）を持ちます。追認権は、取消権者が持つ権利で（122条）で、相手方に対する意思表示により行使されます（123条）。取り消すことができる行為は、追認によって有効なものと確定されます（122条）。未成年のした行為が本人に有利な場合、追認することが、本人のためになります。追認が相手方の保護になる点は、後でまとめて説明します。

ところでみなさんが子どものとき、お小遣いを使って物を買うときに、いちいち親に同意を求めたでしょうか。またお店の人からも、親の同意をもらったか、確認されたでしょうか。実は、未成年者が単独で有効になしうる行為は、結構あるのです。まず単に権利を得、義務を免れる行為（5条1項但書）です。人から物をもらうことは、贈与にあたりますが、単に権利を得る契約のため、法定代理人の同意はいりません。また法定代理人が処分を許した財産についても、単独で処分できます。これには、電気製品を買うよう目的を定めて渡されたお金で電気製品を買うような場合のほか、月々のお小遣いのように目的を定めずに渡されたお金を使う場合があります（5条3項）。また法定代理人が特定の営業をすることを許可すれば、その営業にかかる個別の取引には、法定代理人の同意は不要です（6条1項）。未成年者である高校生がビジネスをするときは、最初に法定代理人の許可をもらえば、後は大人と同じように、仕入や販売などができるようになります。

（3）　成年被後見人

　2番めは、成年被後見人です。成年被後見人とは、精神上の障がいにより事理を弁識する能力が欠けた常況にある（常に欠けている）として、申立てにもとづいて家庭裁判所が後見開始の審判をした（7条）人をいいます。成年被後見人が行った行為は、常に取り消すことができます（9条本文）。ただし日用品の購入などの日常生活に関する行為については、取り消すことはできません。コンビニで物を買うなどの日常の行為まで取消しの対象とするのは、人間の尊厳を尊重する観点からは、好ましくないという判断です（9条但書）。

　保護者は家庭裁判所が選任した成年後見人（8条）です。成年後見人には、取消権・追認権のほか、代理権および財産管理権（859条）があります。ただし成年被後見人が暮らしている居住用不動産を処分するには、家庭裁判所の許可が必要です（859条の3）。成年後見人について注意したいのは、成年被後見人の行為に対する同意権がないことです。成年被後見人は、同意した通りに行動するとは限らないからです。

（4）　被保佐人

　3番めは、被保佐人です。被保佐人とは、精神上の障がいにより事理を弁識する能力が著しく不十分であるとして、申立てにもとづいて家庭裁判所が保佐開始の審判をした（11条）人をいいます。被保佐人は、借入れ・保証、不動産などの重要な財産の処分、相続に関する意思決定などの一定の重要な行為（13条1項各号）を除けば、基本的に単独での行為が可能です。

　保護者は、保佐人です。被保佐人が保佐人の同意（13条1項本文）なく、先ほどの保佐を要する行為をした場合、保佐人は取り消すことができます（120条1項）。日常生活に関する行為については、被保佐人が単独でできます（13条1項但書）。保佐人には、保佐を要する行為についての同意権・追認権および取消権はありますが、代理権については、申立てにもとづく家庭裁判所の審判により、保佐人に与えられます（876条の4第1項）。この申立てが被保佐人本人以外（保佐人による申立ても含みます）によりなされる場合は、本人の同意が必要です（876条の4第2項）。ここでは本人の意思が尊重されているのです。

（5）　被補助人

　4番めは、被補助人です。被補助人とは、精神上の障がいにより事理を弁識する能力が不十分であるとして、申立てにもとづいて家庭裁判所が補助開始の審判をした（15条1項）人をいいます。なお審判の申立てには、本人の同意が必要です（15条2項）。被保佐人と比べると、被補助人の事理弁識能力の低下の程度は低いので、本人の意思が尊重されているのです。さらに被補助人が単独で特定の法律行為をすることを制限するには、補助人の同意を要する旨の審判が必要です（17条1項本文）。この審判で単独の行為を制限できるのは、先ほどふれた被保佐人が単独でなしえない13条1項各号の行為の一部に限られます（17条1項但書）。被保佐人が13条1項各号の行為をするには、当然にすべて保佐人の同意を必要とすることとの違いです。たとえば借金を繰り返す人を経済的破綻から守るためには、13条1項2号の「借財又は保証をすること。」を選択して、補助人の同意を要する旨の審判を申し立てればいいのです。この審判の申立てにも、本人の同意が必要です（17条2項）。このように被補助人は、被保佐人より高い自由度が保障されているのです。

　補助人には、同意権・追認権および取消権（120条1項）が与えられますが、日常生活に関する行為については、被補助人も単独でできます（17条1項但書、13条1項但書）。代理権については、申立てにもとづく家庭裁判所の審判により、補助人に与えられます（876条の9第1項）。ここでも被補助人本人以外の申立て（補助人による申立ても含みます）であれば、本人の同意が必要です（876条の9第2項、876条の4第2項）。

（6）　取引の相手方の保護

　これまでは本人の保護の観点から制限行為能力制度をみてきましたが、取引の相手方の保護について、少し詳しくみていきます。制限行為能力者と取引した相手方は、取引が取り消されるかもしれないという不安定な立場に置かれます。そこで相手方には、追認するかどうかを制限行為能力者に催告することにより、行為の有効性を確定させる権利が認められています。

　制限行為能力者が行為能力者となれば（未成年者が成人になった場合など）、

相手方は、1か月以上の期間を定めて、本人に対して取引を追認するかどうか、催告することができます。そしてその期間内に確答がなければ、行為を追認したものとみなされます（20条1項）。

　本人が制限行為能力者のうちは、法定代理人、補佐人、補助人に対して、権限内の行為について同様の催告をして、確答なければ、行為を追認したものとみなされます（20条2項）。また本人が制限行為能力者のうちは、被保佐人、被補助人（ただし補助人の同意を要する旨の審判を受けた13条1項各号の一部の行為につき）に対して、保佐人、補助人の追認をもらってくるように催告することもできます。この場合は、保佐人、補助人の追認を得たと通知しなければ、行為を取り消したものとみなされます（20条4項）。

（7）　任意後見契約

　これまでは本人の事理弁識能力が不十分となった場合の、事後的な保護制度を学びました。家庭裁判所の審判では、裁判所の判断で保護者が選任されます。しかし将来保護者になる人を自分で決めたい人もいるでしょう。任意後見契約は、本人の事理弁識能力が十分なうちに、将来任意後見人となる人（任意後見受任者（任意後見契約に関する法律2条3号））との間で、事理弁識能力が不十分となった場合に自分の生活、療養監護や財産管理に関する事務をしてもらうことを委任する契約です（同2条1号）。任意後見契約は、本人の意思で締結したことを明らかにするために、公正証書によることとされ（同3条）、その内容は、登記されます。

　その後本人の事理弁識能力が不十分となった場合は、家庭裁判所が任意後見監督人を選任し（同4条1項本文）、任意後見監督人の監督のもとで（同7条1項1号）、任意後見受任者が任意後見人（同2条4号）として、委任事務を行います。任意後見監督人は、任意後見人が本人のためにならないような行為をしていないか、監督するのです。任意後見契約は、本人、任意後見人のどちらからも解除することができますが（同9条1項）、任意後見監督人が選任された後は、正当事由と家庭裁判所の許可が必要となります（同9条2項）。

2 意思表示

1 意思表示のプロセス

　土地を買う場合、買主は売主に対して、「この土地を買います」との意思表示をしますが、その前に「この土地を買おう」という意思が形成されています。また意思の背後には、「この土地は将来値上がりしそうだ」などの動機があるのが普通です。

　契約の拘束力が認められる理由は、自らの意思にもとづき意思表示をしたのだから、その内容に従わなければならないからでした。それでは、意思と表示が食い違う（意思の不存在）場合、表示は有効とすべきでしょうか。これには、本人の保護を重視して、意思表示を無効とする意思主義の考え方と、本人の意思は外からはわからないので、相手方の保護を重視し、意思表示を有効とする表示主義の考え方があります。

　民法には、意思不存在に関する規定として、心裡留保、虚偽表示および錯誤の3つが定められています。

2 意思の不存在

（1） 心裡留保

　心裡留保とは、意思と表示の不一致を本人が認識しつつ意思表示することをいいます。つまり思ってもいないことを言うことです。そのような本人を保護する必要はありませんから、心裡留保による意思表示は、有効です（表示主義、93条1項本文）。ただし意思表示の相手方が、意思と表示の食い違いについて知っているか（悪意）または知ることができたのであれば、無効になります（意思主義、93条1項但書）。もはや相手方を保護する必要がないからです。ベンチャー企業に就職したかずや君が、飲み会で社長と口論になり、ついかっとなって、「おれ、こんな会社辞めますよ」と言ったとしましょう。かずや君に辞める気がなくても、退職の意思表示は有効です。しかしかずや君に辞める気がな

いことを社長が知ることができたのであれば、かずや君は会社を辞めなくてよいのです。この事例では、酒席でかっとなって発した言葉であり、本心でないことを知らないことについて、社長に過失が認められる可能性が高いでしょう。なおこの意思表示の無効は、善意の第三者に対抗できないと規定されています（93条2項）。第三者との関係の説明は、次の虚偽表示に譲ります。

（2） 虚偽表示

次の例を考えてみましょう。

事例17

乙社は、甲銀行から1000万円を借り入れていた。借入金の返済期限が迫っていたが、返済のめどが立たない。乙社は2000万円の土地家屋を所有していたが、このままでは不動産が強制執行されてしまうと考えた乙社は、取引のある丙社に頼んで、丙社に譲渡したことにしてもらい、登記を丙社に移した。甲銀行はもはや、不動産から回収することはできないのだろうか。

虚偽表示

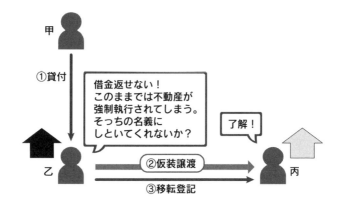

相手方と通じて意思と異なる表示をすることを（通謀）虚偽表示といいます。虚偽表示は、本人も相手方も保護する必要がないため、無効となります（意思

主義、94条1項）。したがって乙社から丙社への不動産の譲渡は無効となり、不動産は乙社の所有のままなので、甲銀行は差し押さえることができます。

次は、事例17に続いて、第三者が登場する事例です。

事例18

> 結局、甲銀行からの無効主張はなされなかった。そこで乙社は、不動産の丙社への譲渡は仮装で無効であるから、改めて登記を乙社に戻そうとした。ところが丙社は、乙社と丙社の間の譲渡が仮装であることを知らない（善意）丁社に、不動産を売却していた。乙社は、丁社より不動産を取り戻せるだろうか。

事例18では、乙社は、乙社と丙社の間の譲渡が仮装であることを理由として、善意の丁社から不動産を取り戻すことはできません。それでは、乙社と丙社の間の譲渡が無効であるにもかかわらず、どうして丁社は不動産を取得できるのでしょうか。そこには、登記移転によって不動産の所有者が丙社であるかの外観を作り出したのは乙社自身なので、所有権を失うのは自業自得という価値判断があります。その一方で、丙社が真の所有者であるとの丁社の信頼は、保護されるべきです（取引の安全）。94条2項は、虚偽であることを知らず（善意）、虚偽の外観を信じて取引に入った第三者には、虚偽表示を理由とする無効を対抗できないとするものです（表示主義）。ここでは虚偽表示をした側に、圧倒

虚偽表示と善意の第三者（続き）

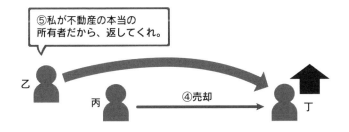

的に非があるので、第三者に無過失が求められていない点に、注意してください。

　今度は、虚偽表示に準じた処理がされる例をみていきましょう。実際の事案なので、多少複雑ですが、少し我慢して読んでみましょう。

事例19

　甲（女）は、情交関係にあった乙（男）の援助により土地を購入した。その後乙は、甲に無断で、土地の登記名義を乙所有に移転した。怒った甲は、乙より自分に土地の登記名義を戻すことを約束させたが、その後甲と乙が婚姻したこともあり、登記を変更しないまま放置していた。その後甲と乙の関係が破たんしたが、乙は自分が所有者であると偽って、土地を丙に売却した。甲は丙から土地を取り戻せるだろうか。

民法94条2項類推適用

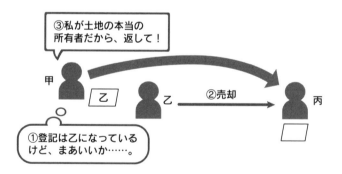

　最高裁は、甲が実態と異なる登記（不実の登記）がされているのを知りながら、これを存続させることを明示または黙示に承認していたので、94条2項類推により、乙が土地の所有権を取得していないことに善意の丙に対しては、甲は所有権を対抗できないとしました（最判昭45.9.22民集24巻10号1424頁）。土地は丙の所有となり、甲は取り戻せませんでした。事例18では、甲は乙と通謀し

て土地の登記を乙名義にしたわけではないので、直接94条2項は適用できません。しかし甲が不実の登記の存在を承認していたことは、積極的に不実の登記を作り出したことと大差なく、類推適用が認められるという判断です。それでは次の例はどうでしょうか。

事例20

　土地の所有者は甲であったが、甲が知らないうちに、乙により乙名義に書き換えられていた。登記を信じた丙は、乙の間で売買契約を締結した。丙は土地の所有権を取得するか。

　事例20では、登記に公信力（無権利者との取引であっても、権利が存在することをうかがわせる公示を信じて取引した人に、権利を取得させる機能）はないため、丙は土地の所有権を取得しません。事例20では、土地の登記名義が乙であること（外観の存在）と丙の善意については、事例19と同様です。丙が土地の所有権を取得した事例19と所有権を取得できなかった事例20との違いは、真の所有者である甲が、虚偽の登記を知りつつも放置していたかどうか（帰責事由の有無）にあります。権利者に帰責事由があれば、94条2項類推適用により、登記に公信力を認めるに近い結果となることが、注目されます。

（3）錯　誤

　今度は、錯誤をみていきましょう。錯誤とは、意思と表示が一致せず、そのことを自覚しないで意思表示する状態をいいます。つまり勘違いです。錯誤により意思表示をすると、表意者は取り消すことができます（意思主義、95条1項）。

　しかし錯誤は、相手方が知らない意思（内心）と表示の不一致を取消しの対象とするため、安易に認めると、相手方に気の毒です。そこでさまざまなしばりがかけられ、錯誤による取消しは、簡単には認められません。

　第1に、錯誤による取消しが認められるためには、意思表示の重要部分で、意思と表示が一致しないことが求められます（95条1項）。取引の相手方に関する錯誤では、当事者間の信頼関係が重視される委任契約では、取消しが認め

られやすいでしょう。これに対して、コンビニがお客さんに商品を売る場合は、高橋さんと思って原田さんに売ったとしても、誰に売るかは重要ではなく、取消しは認められないでしょう。取引の目的物に関する錯誤、例えば夏みかんと間違えてはっさくを買ったような場合は、取消しを認める余地がありそうです。目的物の性質・品質・性能・状態に関する錯誤では、錯誤が動機にかかるもの（95条1項2号、基礎事情の錯誤）として、後で述べるように取消しが認められにくいと考えられます。

第2に、表意者に重大な過失がないことが求められます（95条3項）。夏みかんと間違えてレモンを買った場合は、普通はそのような間違いはしないとして、重過失が認められ、取消しはできないでしょう。ただし表意者に重過失があっても、相手方を保護する必要はないとして、取消しできる場合があります。本人が錯誤に陥っていることを相手方が知っているか（悪意）または重過失により知らなかった場合（95条3項1号）と、本人・相手方とも錯誤に陥っている（共通錯誤）場合（同2号）です。売主・買主とも本物と思ってピカソの絵を売買したが、実は偽物だったような場合が、共通錯誤にあたります。

第3に、基礎事情の錯誤については、動機が表示されて法律行為の内容となってはじめて、取消しが認められます（95条2項）。錯誤は、意思と表示の不一致であり、動機と一致しなくても、意思と表示が一致していれば、錯誤にもとづく取消しは認められないのが原則です。土地が値上がりすると思って土地を買ったが、値上がりしなかった場合、土地を買う意思と表示は一致しているので、取消しは認められません。しかし、錯誤の多くは動機にかかるものです。そこで動機が表示され、法律行為の内容となった場合は、取消しが認められるのです。ここで重要なことは、動機が表示されただけでは、取消しの要件を満たさないことです。最近の判例には、主債務者が反社会的勢力（暴力団など）でないから保証を行うという信用保証協会の動機は、それが表示されていたとしても、銀行と信用保証協会の間の保証契約の内容となったものとはいえないとして、保証契約の無効（当時）が認められず、債権者である銀行への支払義務があるとされたものがあります（最判平28.1.12民集70巻1号1頁）。信用保証

協会は、主債務者が反社会的勢力でないからこそ保証をしたのであり、反社会的勢力であれば保証契約が錯誤により無効となることを銀行も了解しているのでなければ、無効は認められないということでしょうか。ここはかなり難しい議論なので、わからなくても気にせずに、読み進めてください。

　なおこの意思表示の取消しは、善意無過失の第三者に対抗できません（95条4項）。第三者との関係の説明は、次の詐欺に譲ります。

3　他者に傷つけられた意思表示
(1)　詐　欺

　これまでは、意思と表示が一致しない場合を取り上げましたが、意思と表示が一致していても、意思の形成が他者にゆがめられた場合は、表意者を保護する必要があります。具体的には、詐欺や強迫にもとづいて意思が形成された場合です。

　詐欺とは、表意者をだまして錯誤に陥らせ、錯誤にもとづいて意思表示をさせることをいいます。詐欺による意思表示は、取り消すことができます（96条1項）。

　それでは、次のように第三者が登場した場合は、どうなるでしょうか。

> **事例21**
>
> 　乙は甲に対し、「まもなく近くに廃棄物処理場ができるので、地価が下がらないうちに、私に土地を売りなさい」といううその計画を伝えた。乙の言葉を信じた甲は、乙に土地を売却し、登記を移転した。ただちに乙は、詐欺の事実を過失なく知らない丙に土地を転売し、登記も丙に移転した。その後だまされたことに気づいた甲は、乙への売却を取り消すとの意思を表明した。甲は土地を取り戻せるだろうか。

詐欺取消しと第三者

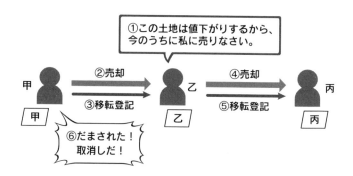

　だまされた甲が、取消しの意思表示をすると、はじめから土地は甲の所有となり（121条）、土地を取り戻すことができそうです。しかし丙が、詐欺の事実を過失なく知らない（善意無過失）場合は、甲は取消しを丙に対抗できず、土地は丙の所有となります（96条3項）。悪いのは乙ですが、だまされた甲にも落ち度があるので、善意無過失の丙をより保護しようとする価値判断です。虚偽表示では、表意者が圧倒的に悪いので、第三者が保護されるためには、第三者が虚偽表示の事実について善意であれば足りました。これに対して詐欺では、表意者は被害者なので、第三者が保護されるためには、善意に加えて、無過失を要求しているのです。

（2）　強　迫

　強迫とは、表意者に恐怖を与え、恐怖感にもとづいて意思表示をさせることをいいます。強迫による意思表示は、取り消すことができます（96条1項）。強迫においては、詐欺と違い、表意者に落ち度は見当たりません。そこで強迫にもとづく意思表示の取消しは、善意の第三者にも対抗できると考えられています。

③ 代 理

1 代理の要件と機能

これまでは、主に意思表示の効果が発生する本人自らが意思表示する場合について、みてきました。世の中には、意思表示をする人と効果が発生する人が分かれる場合があります。すでにみたように、法定代理人である親が子どもの所有する土地（遺言などにより子どもが土地を所有することは珍しいことではありません）を売却すると、子どもに買主に対する代金請求権と土地の引渡義務が発生します。このとき親には、これらの権利義務は発生しません。また営業社員が得意先から商品の注文を獲得すると、売買契約が成立しますが、会社に代金請求権と商品の引渡義務が発生します。ここでも営業社員本人には、これらの権利義務は発生しません。このように自分の代わりに他人に意思表示をしてもらい、自分に効果を帰属させる（自分がやったと同じことになる）制度が、代理です。代理人の意思表示の効果が本人に帰属するためには、まず、代理人が代理権を持ち、意思表示の内容が代理権の範囲になければなりません。会社の仕入担当には、仕入についての代理権はありますが、得意先への販売についての代理権はありません。子どもの財産を処分する代理権は、親にありますが、兄弟にはありません。次に、代理人が本人のためにすることを示して（顕名といいます）意思表示をしなければなりません（「○○の代理××です」「親として子どもの土地を売ります」、99条1項）。顕名により、相手方は誰のための取引かを知ることができます。顕名がない場合は、代理人自身のために意思表示をしたとみなされます（100条本文）。ただし相手方が本人のためにすることを知っているか（悪意）、知ることができた場合は、本人に効果が帰属します（100条但書）。

社会において、代理はどのような役割を果たしているでしょうか。法定代理では、本人から代理権が与えられなくとも当然に代理関係が発生しますが、代理権の与えられた保護者は、本人の財産を管理する能力が足りない部分を補っ

ています（私的自治の補充）。任意代理は、本人が代理人になることを依頼した場合です。社長ひとりでは、会社は十分に拡大しません。そこで従業員を雇って代理権を与え、社長の代わりに営業してもらうのです（私的自治の拡充）。

2　代理権の濫用

代理の要件に関して、次の例を考えてみましょう。

> **事例22**
>
> 　会社から金銭借入れの権限を与えられている財務担当者が、自分の借金を返済する目的で、会社名義で知人よりお金を借り入れた。知人も財務担当者の意図を知っていた。知人が貸付金の返済を求める相手は、会社だろうか、それとも財務担当者だろうか。

事例22では、財務担当者の行為は、代理権の範囲に含まれており、また会社としての借入れであることを示している（顕名）ことから、会社に効果が帰属し、会社に返済義務があるようにも思われます。しかし相手方（知人）が代理人（財務担当者）の意図を知っている場合にまで、本人（会社）を犠牲にするのは、おかしいですね。107条は、「代理人が自己又は第三者の利益を図る目的で代理権の範囲内の行為をした場合において、相手方がその目的を知り、又は知ることができたときは、その行為は、代理権を有しない者がした行為とみなす。」としています。事例22では、財務担当者は、次に説明する無権代理人と同様に、自ら返済する義務を負うことになります。

3　（狭義の）無権代理

代理の要件が満たされない場合、すなわちそもそも代理権が与えられていない場合、代理権が消滅した後に代理行為がなされた場合、または代理権の範囲を超えて代理行為がなされた場合は、代理人の行為は、本人に効果が帰属しない、宙ぶらりんの状態になります。このような状態を無権代理と呼びます。もっとも本人が後で追認（「自分がやったことにしといていいよ」という事後承諾）

をすれば、本人に効果が帰属します（116条）。代理の要件が満たされていない場合でも、本人に好都合であれば、追認した方が得です。たとえば営業行為の代理権を与えていない経理部員が、得意先より注文を取ってきた場合、会社が「よくやった」と思えば、追認により、経理部員の手柄を会社のものにできるのです。もちろん追認を拒絶することもできます。

　その一方で、本人が追認するのかしないのかはっきりしなければ、相手方は不安です。そこで相手方には、相当の期間を定めて、追認するかどうか確答するよう、本人に催告することができます。その期間内に本人からの確答がなければ、追認は拒絶されたものとみなされます（114条）。また契約時に代理権がないことを知らなければ、相手方は契約を取り消すことができます（115条）。本人の追認がない場合、無権代理の効果は本人に帰属しません。そうすると相手方に気の毒ですから、無権代理人は相手方に対して、債務の履行または損害を賠償する責任を負うことになります（117条1項）。もっとも無権代理人に対する責任の追及は、無権代理人に代理権があると信じた相手方を保護するためのものです。したがって、相手方が無権代理人に代理権がないことを知っていた場合や、相手方が無権代理人に代理権がないことを知らないことに過失があった場合は、無権代理人の責任を追及できません。ただし代理権がないことを知らないことに相手方に過失がある場合については、無権代理人が自分に代理権がないことを知っていれば、やはり無権代理人の責任を追及できます（117条2項）。少しややこしいですが、どちらを守るべきかをイメージしながら、理解に努めてください。

4　表見代理

　これまで無権代理人の責任をみてきましたが、相手方としては、契約を履行してもらうことを望む場合が多いでしょう。しかし多くの場合、本人でなければ履行は困難です。何とか本人に履行義務を負わせることはできないでしょうか。従業員がやらかしたときに会社が責任を取る根拠としては、使用者責任（715条）がありました。しかし使用者責任は、損害賠償による救済を図るにす

ぎません。

　古くから民法では、①虚偽の外観があり、②外観を作り出したことに本人に帰責性があり、③相手方が外観を信頼した場合には、相手方を保護すべきという考え方が確立されています。この考え方は外観法理と呼ばれますが、実はみなさんは、心裡留保、虚偽表示、錯誤および詐欺における第三者の保護のところで、外観法理に触れています。外観法理は、無権代理から相手方を保護すべき場面にも、登場します。具体的には、①代理権が与えられていない場合、②代理権消滅後に代理行為がなされた場合、または③代理権の範囲を超えて代理行為がなされた場合は、いずれも無権代理として、代理行為の効果は本人に帰属しません。しかしこれらについて本人に帰責性があり、かつ代理権がないことに相手方が善意無過失であれば、代理行為の効果は本人に帰属します。帰責性の内容は、①については代理権があるかのような表示を本人がしたこと（代理権授与の表示による表見代理、109条）、②については、過去に代理権が存在したこと（代理権消滅後の表見代理、112条）、③については、基本代理権の授与があったこと（権限外の行為の表見代理、110条）です。

　代理権授与の表示による表見代理については、ユニークなものとして、東京地裁では、職員の互助団体が、庁内で東京地方裁判所厚生部という表札を掲げ、庁印を用いて発注をしていたところ、売買代金の不払いを起こし、仕入先が国に対して代金の請求を求めた事例があります。最高裁は、東京地裁が称号の使用を許し、自らの取引のような外形を作り出したことに帰責性ありとして、表見代理の成立を認めました（最判昭35.10.21民集14巻12号2661頁）。

　代理権消滅後の表見代理の例としては、営業部員が経理部に異動後も営業行為を継続し、得意先と契約を締結した場合が挙げられるでしょう。

　最も問題になりやすいのが、権限外の行為の表見代理です。次の例をみてみましょう。

事例23

　高齢の甲は、財産の管理を息子の乙に任せている。乙は、甲に無断で、甲の

所有する山林を丙に売却し、丙に登記を移転した。過去乙は、甲の承諾を得て、やはり甲が所有する山林を丙に売却したことがあった。なお2回の売却代金を比較すると、今回のほうが少額であった。甲は、善意無過失で山林を譲り受けた丙より、山林の登記を戻すことができるか。

　事例23では、そもそも乙に甲の山林を売却する代理権がないとはいえないでしょう。問題となった山林の売却が、具体的な代理権の範囲を外れていたとしても、過去に同様の売却実績があり、今回のほうが売却代金も少額というのであれば、代理権の範囲にあると信じた丙を保護すべきで、甲の請求は認められないでしょう（最判昭31.5.22民集10巻5号545頁）。

第 10 章　時効について

1　2種類の時効

　みなさんが時効と聞いて思い浮かぶのは、刑事裁判で罪に問われないという公訴時効（刑事訴訟法250条）ではないでしょうか。実は民事の世界にも、時効はあります。民法が定める時効には、一定の期間他人の物を占有すると所有権が得られる取得時効と、一定の期間債務を弁済せずにいると債務が消滅する消滅時効があります。

2　取得時効

　まず取得時効からみていきましょう。次の事例を読んでください。

> **事例24**
>
> 　乙は、甲名義で登記されている土地を甲より譲り受け、11年占有してきた。しかし土地は丙の所有であった。丙が所有権にもとづく明渡しを要求した場合、乙は応じなければならないのだろうか。土地の所有者が丙であることを知らないことについて、乙に過失はない。

　他人の物を所有の意思をもって平穏かつ公然に20年占有し続けた場合、占有者は所有権を取得します（長期取得時効、162条1項）。ただし占有を開始した時点で、所有権がないことを知らずかつ知らないことに過失がなかった（善意無過失）場合は、10年で所有権を取得します（短期取得時効、162条2項）。すでにみたとおり、動産には即時取得制度があるため、短期消滅時効は不動産で重要になります。

　短期取得時効の要件は、所有の意思（自主占有）、平穏・公然の占有、占有開始時の善意無過失、占有の継続の4つです。

　賃借人は、他主占有者ですから、長期間借り続けても、所有の意思があることを表示するなどしなければ（185条、賃借人が所有の意思を表示すれば、賃貸借は解除されるのが普通でしょう）、ずっと他主占有者のままで、所有権を取得することはありません。

　平穏とは、土地を力ずくで占拠したりしないことです。公然とは、外から見て占有の事実がわかることです。公然と占有していることにより、権利者は、時効に必要な期間が経過すること（時効の完成）を防ぐことができます。

　不動産を譲り受ける場合、無権利者からの譲受人は、権利者とはなりません。しかし売主が登記簿上の名義人と一致し、不動産売買にあたっての通常の手順を踏んでいれば、引渡しにより善意無過失で占有を開始したとみてよいでしょう。なお占有の開始時点で善意無過失であれば、その後悪意になっても（「実は他人の土地だったんだ！」）、短期取得時効の対象であることは変わりません。

　ここで即時取得のときに見たように、短期消滅時効の主張が容易か、見ていきましょう。

　186条1項は、占有者は、所有の意思をもって、善意で、平穏・公然に占有するものと推定しています。さらに同2項からは、占有開始時と時効完成時に占有した証拠があれば、その間もずっと占有を継続したことが推定されます。それらからは、占有者が短期取得時効の成立を証明するためには、占有開始時と時効完成時に占有していた事実のほか、占有開始時に無過失であったことを説明すればよいことになります。このように裁判所で短期取得時効が認められることは、それほど困難ではないのです。

　ここでひとつユニークな条文をみましょう。187条1項は、「占有者の承継人は、その選択に従い、自己の占有のみを主張し、又は自己の占有に前の占有者の占有を合わせて主張することができる。」と、同2項は、「前の占有者の占有を併せて主張する場合には、その瑕疵をも承継する。」と規定しています。例えば、占有者は、自分が善意無過失で占有した期間が5年に過ぎなくても、善

意無過失で６年間占有した人から土地の譲渡を受けたのであれば、期間を足し合わせると11年に達することから、短期取得時効が認められます。その一方で、悪意で６年間占有した人から土地の譲渡を受けた場合は、悪意を引き継ぐことになり、短期取得時効は認められません。ここで瑕疵（かし）とは、マイナス面と理解してください。

③　消滅時効

1　債権の発生原因と時効完成までの期間

次に消滅時効をみていきましょう。

債権は、債権者が権利を行使できることを知ったとき（主観的起算点）から５年で（短期消滅時効、166条１項１号）、権利を行使できるとき（客観的起算点）から10年で（長期消滅時効、166条１項２号）、時効により消滅します。契約で弁済期を来月末とした場合のように、確定期限の付いた債権は、客観的起算点は来月末になりますが、弁済期は契約で合意の対象となっていることから、主観的起算点も来月末になります。その場合、債務者は短期消滅時効の５年を主張するほうが有利です。

不法行為にもとづく損害賠償請求権は、損害および加害者を知ったときから３年（724条１号）、不法行為のとき（加害者が請求権を行使できるとき）から20年（724条２項）で、消滅時効にかかります。

なお生命・身体を害する不法行為による損害賠償請求権は、損害および加害者を知ったときから５年で、消滅時効にかかります（724条の２）。また生命・身体を害する債務不履行による損害賠償請求権は、権利を行使できるときから20年で、消滅時効にかかります（167条）。実は、生命・身体の侵害による損害賠償請求は、労働災害に伴う損害賠償を請求する場合によくみられますが、不法行為（使用者の注意義務違反）によっても、債務不履行（雇用契約上の使用者の安全配慮義務違反）によってもなされます。どちらの請求によっても差がなく、また被害者が十分な救済を受けられるよう、短期消滅時効、長期消滅時効とも、

それぞれの長いほうに合わせているのです。

2 時効の援用

　時効が完成しても、当事者は、当然に所有権を時効取得したり、債務を免れたりするわけではありません。時効の利益を受けるには、その旨の意思表示（時効の援用）が必要です。裁判所は、当事者が時効の援用をしないのに、職権で時効を認めることはできません（145条）。時効の利益を受けることを望まない当事者に対して、利益を押し付けるはおかしいという考え方です。なお時効の援用は、取得時効と消滅時効に共通する事項です。

　また時効が完成した後も、当事者は時効の利益を放棄できます。時効の放棄は、時効完成前は認められません（146条）。債権者が、貸付けの条件として、債務者に放棄を押し付けてしまうおそれがあるためです。なお時効の完成を知ったうえで、相手方の権利を認めることも、放棄とみなされます。（債務の一部の）弁済、債務の承認、弁済の猶予願いなどが、それにあたります。それでは債務者が、時効が完成していることを知らずに、一部弁済や期限の猶予願いをして、その後時効の完成を知った場合、債務者は消滅時効を援用できるでしょうか。判例は、時効の完成後、債務者が債務の承認をすることは、時効による債務消滅の主張と相容れず、相手方ももはや時効の援用をしてこないと思うはずとして、時効の援用はできないとしています（最判昭41.4.20民集20巻4号702頁）。

　ところで144条には、「時効の効力は、その起算日にさかのぼる。」とあります。例えば、他人の土地を10年間善意無過失で占有し、取得時効を援用した場合、占有開始時から自分の所有であったと扱われるということです。これにより占有者は、占有開始時から時効完成までに発生する地代相当の不当利得を返還せずにすみます。また債権が10年行使されないまま、債務者が消滅時効を援用した場合、債権は起算日に消滅したと扱われます。またこれにより債務者は、起算日から時効完成までの期間の利息や遅延損害金を支払わずにすみます。

3　債権者の対応

　債権者としては、何とか時効の完成を防ぎたいところです。ここでは、他人にお金を貸したが期限が来ても返してもらえない債権者の気持ちになって、時効の完成を食い止める手段を考えていきましょう。時効の制度は複雑ですので、なるべく簡単なものを紹介します。

　時効完成直前になれば、まず支払いを催告することが考えられます。これにより催告から6か月の間は、時効が完成せずにすみます（150条1項）。催告から6か月後が、本来の時効完成時期を過ぎていれば、その分だけ時効完成を引き延ばせることになります（完成猶予といいます）。それでは催告を繰り返せば、いつまでも時効完成を遅らせることができるのでしょうか。完成猶予中に再度催告をしても、新たな完成猶予の効果は発生しません（150条2項）。催告が完成猶予の効果を持つのは、1回限りということです。

時効の完成猶予

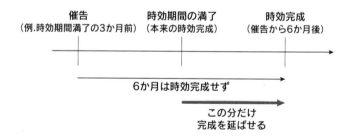

　催告しても弁済がなされない場合は、債権の支払いを求める訴訟を提起することが考えられます。訴訟が提起されると、裁判の終了までは、時効の完成は猶予されます（147条1項1号）。さらに裁判で権利が確定すると、裁判が終了した時点で、時効の進行は振出しに戻ります（147条2項）。これを時効の更新と言います。権利の確定が本来の弁済期後であれば、元の時効完成期間にかかわらず更新後の時効完成期間は10年です（169条1項）。

　しかし裁判により時効を更新するには、何よりも裁判に勝たなくてはならず、また権利が確定するまでに時間がかかります。債権者としては、もっと簡単に時効を更新したいところです。債務者より弁済の意思が示されていた場合は、債務者に債務の存在を承認させることにより、時効を更新する方法がよいでしょう（152条1項）。この場合、再度同じ長さの時効完成期間が経過するまで、時効は完成しません。

時効の更新

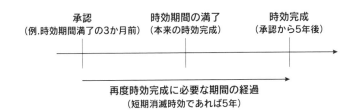

索　引

松本 研二（まつもと けんじ）

1964年　福岡市に生まれる
1987年　一橋大学商学部卒業
　　　　以後、証券会社、広告会社に勤務
2014年　一橋大学大学院国際企業戦略研究科経営法務専攻博士課程
　　　　単位修得退学
　　　　名古屋商科大学、東京家政学院大学非常勤講師を経て
2022年　常葉大学法学部准教授

きっとわかる民法─民法から学ぶ法学入門

2023年6月20日　初版第1刷発行

著　者　　松 本 研 二

発行者　　木 村 慎 也

・定価はカバーに表示　　印刷　恵友社／製本　川島製本

発行所　株式会社 北 樹 出 版

URL:http://www.hokuju.jp

〒153-0061　東京都目黒区中目黒1-2-6　電話(03)3715-1525(代表)